pd:
PROYECTO DISCÍPULO

Un devocional de CRECIMIENTO PERSONAL en acción

ALUMNO

MIKE YACONELLI

ProyectoDiscípulo

Vida
DEDICADOS A LA EXCELENCIA

Especialidades Juveniles

©2004 Editorial Vida
Miami, Florida

Publicado en inglés bajo el título:
The Disciple Experiment: A Faith in Action Student Journal
por The Zondervan Corporation
© 2003 por Youth Specialties

Traducción: *Gloria Vázquez*

Edición: *Virginia Himitian*

Diseño interior y de cubierta: *Burnkit*

Adaptación de interior: *Luis Bravo*

ISBN: 0-8297-3818-5

Categoría: Iglesia / Ministerio juvenil

Impreso en Estados Unidos de América
Printed in the United States of America

04 05 06 07 ❖ 05 04 03 02

CONTENIDO

INTRO » ¿TENDRÁ ONDA ESTO O NO?
Al abrir la puerta para ir a la escuela, lo vemos: ahí está Jesús.

PREP » DURANTE LOS PRÓXIMOS 30 DIAS NOS PREGUNTAREMOS:
«¿Que significa ser un discípulo de Jesús en cada circunstancia de nuestra vida?»

PRE » Las expectativas que tenemos para los próximos 30 días

EN LA MITAD »
¿CÓMO VAMOS HASTA AHORA CONSIDERANDO LAS EXPECTATIVAS SOBRE LAS QUE ESCRIBIMOS 15 DÍAS ATRÁS ACERCA DE...?

A POSTERIOR »
UNA CARTA PARA JESÚS

¿TENDRÁ »
Ó NO
TENDRÁ
ONDA
ESTO?

¿TIENE ONDA, O NO?

Al abrir la puerta para ir a la escuela lo vemos: ahí está Jesús. Sabemos que es él porque… en fin, simplemente lo sabemos. ¡Como no vamos a darnos cuenta de que es él cuando Jesús aparece!

Pero, ojo, no estamos hablando del fin del mundo. Nos referimos a que Jesús está parado frente a la puerta de entrada de nuestra casa, listo para ir a la escuela con nosotros.

¿Tiene onda, o no?

No nos produce temor ni nada por el estilo. No nos parece algo raro, como esas imágenes que se ven en las Biblias, pero aún así resulta extraño verlo parado frente a nuestra puerta. La pregunta que nos hacemos entonces es: ¿Echamos a perder todo nuestro día o vamos junto con Jesús a la escuela?

¡Vaya recorrido el nuestro! Imaginémonos la conversación que tendríamos con nuestros amigos antes de entrar a clase:

«Ola, ¿qué onda? ¿Qué? Ah, ¿este tipo? Tiene buena onda. Se llama Jesús… En serio, no estoy bromeando… No, no se parece a aquel tipo de la Biblia, *es* el tipo de la Biblia. Este es el verdadero Jesús. ¡Eh!, ¿adónde se van?»

Pensándolo bien, tal vez no nos emocione tanto la idea de llevar a Jesús a la escuela. Sinceramente, Jesús podría arruinarnos el día. Imaginemos esto: Jesús con nosotros en la clase, en el recreo, en los vestuarios, en la práctica de fútbol. Bueno en la práctica de fútbol podría ser un golazo. ¿Qué diría el entrenador si Jesús estuviera allí parado? Podría ser una práctica muy tranquila.

¿Y qué tal sería estar con él después de la escuela? Tener a Jesús al lado cuando salimos con nuestra novia. ¿Qué tal? Eso podría ser un desastre para la vida amorosa de cualquiera. No podríamos hacer demasiado si Jesús estuviera también en el automóvil.

Y Jesús en casa, ¿cómo sería eso? No podríamos discutir con nuestros padres. Tendríamos que tratar como corresponde a nuestra hermana. Probablemente tendríamos que bajar el volumen del equipo de música. O quizás hasta apagarlo, porque, ¿qué tipo de música le gustará escuchar a Jesús? ¡Ah… no!, ¿y si le gusta la música folclórica?

Admitámoslo: El tener a Jesús alrededor todo el día podría causar un efecto realmente extraño en nuestra vida.

¿Podemos imaginar lo que es caminar todo el tiempo pensando en Jesús, siendo sus discípulos? ¡Eh! Eso sería como postularse para el «Rarito del año».

[LA IDEA PUEDE RESULTAR EXTRAÑA, PERO, TAL VEZ NUESTRA VIDA NECESITE SER ARRUINADA POR JESUS.]

Estar con Jesús todo el tiempo podría arruinarnos la vida de una forma inesperada. Pero, quizás lo haga en el *buen* sentido de la palabra. La idea puede resultar extraña, pero, tal vez nuestra vida necesite ser arruinada por Jesús.

Imaginémonos que Jesús «arruina» nuestra vida haciendo que cada día esté lleno de aventuras salvajes y misteriosas, llenas de riesgos y sorpresas. Tener a Jesús al lado todo el tiempo puede resultar divertido. Estamos hablando del tipo de diversión profunda que surge de saber que nosotros y Jesús somos camaradas, amigos. Imaginemos lo entretenido que sería ver la sonrisa de Jesús, esa clase de sonrisa que dice: «Sé que has tratado de hacer lo que te he pedido. Fallaste algunas veces, pero todavía tienes buena onda porque estás tratando. Sé que no es fácil seguirme. Aun mis discípulos no sabían hacia dónde me dirigía o qué estaba haciendo».

A lo mejor no veamos a Jesús parado frente a nuestra puerta ahora mismo, pero ¿y si él estuviera allí? ¿Y si realmente estuviera esperándonos? Probablemente no esté físicamente ahí, pero qué tal si es verdad que Jesús está con nosotros aquí y ahora, como lo dice la Biblia. No lo podemos ver con nuestros ojos, pero si pensamos en él, quizás podamos verlo con la mente. Si todos los días nos preguntáramos una y otra vez: «¿Qué significa ser un discípulo de Jesús?», y si siguiéramos meditando sobre eso durante toda la jornada, tal vez podríamos verlo con nuestro corazón.

¿Qué tal si esta sencilla pregunta mantuviera a Jesús presente en nuestra mente y lo invitara a entrar en cada parte de nuestra vida?

¡Ay, ay, ay!

Qué sucedería si, día tras día, durante un mes, nos preguntáramos: «¿Qué significa ser un discípulo de Jesús?». A lo mejor ya hemos comenzado a tratar de vivir una vida como la que Jesús hubiera vivido. Y es probable que, al empezar a actuar como él, nos hayamos encontrado con gente que nos dijo: «Pero, ¿acaso eres Jesús?». Está bien, tal vez esto no sea tan factible, ¿verdad? Nadie podría confundirnos con Jesús, ¿no es cierto? ¡O a lo mejor sí!

¿Tenemos buena onda todavía? ¿Estamos listos para aceptar el desafío? ¿Estamos dispuestos a arriesgar un mes de nuestra vida? ¿Estamos listos para que los próximos 30 días sean «arruinados» por Jesús? ¿Estamos preparados para participar de un proyecto de 30 días con Jesús? ¿Estamos dispuestos a sacar de su «onda» a nuestros amigos y a nosotros mismos llevando a Jesús con nosotros adonde quiera que vayamos? ¿Estamos listos para pasar los mejores 30 días de nuestra vida?

Entonces, abrochémonos el cinturón de seguridad, pongámonos el casco, sujetémonos con todas nuestras fuerzas y ¡que comience la aventura!

PREP

⌄

DURANTE LOS PRÓXIMOS 30 DIAS NOS PREGUNTAREMOS: «¿QUÉ SIGNIFICA SER UN DISCÍPULO DE JESÚS EN CADA CIRCUNSTANCIA DE NUESTRA VIDA?» NADIE PUEDE CONTESTARLO EXCEPTO NOSOTROS MISMOS. A PARTIR DE LO QUE CONOCEMOS ACERCA DE JESÚS Y DE LO QUE VAMOS A APRENDER SOBRE ÉL EN ESTOS 30 DIAS, INTENTAREMOS SER DISCÍPULOS DE JESÚS. **ANTES DE COMENZAR, RESPONDEREMOS CIERTAS PREGUNTAS QUE PROBABLEMENTE ALGUNOS DE NOSOTROS NOS ESTEMOS HACIENDO CON RESPECTO A ESTE PROYECTO.**

» ¿CÓMO PODEMOS DETERMINAR EL MODO EN QUE JESÚS HUBIERA REACCIONADO FRENTE A DIFERENTES SITUACIONES?

No hay problema si no lo sabemos. Tampoco lo sabía ninguna de las personas que estuvieron con Jesús. ¿Recordamos quiénes fueron sus discípulos? Ellos eran los muchachos que trataron de alejar a los niños de Jesús. Aquellos que le pidieron a Jesús que no muriera. Los que se enojaron cuando un perfume caro fue derramado sobre él. Ellos no eran exactamente estudiosos de la Jesúlogia.

Aclaremos este punto, nadie sabe a ciencia cierta cómo reaccionaría Jesús en una situación determinada. Pero al leer acerca de él en el Nuevo Testamento, podremos encontrar ciertas pistas.

» PISTA: JESÚS SIEMPRE HACÍA COSAS INESPERADAS.

Tocaba a los leprosos cuando todos los demás huían de ellos. Se juntaba con personas con las que no debía, como traidores, niños, prostitutas y samaritanos. Jesús no actuaba religiosamente. De hecho, hizo enojar a los líderes religiosos de su época. Su manera de actuar no resultaba políticamente correcta.

En realidad, él parecía no estar en lo correcto en nada. La gente que lo rodeaba decía que ganar lo era todo. Sin embargo, él sostenía que para ganar había que perder. «¡Vive todo lo que puedas!», proclamaban ellos. Él se reía y decía «Si quieres vivir, tendrás que morir». Casi siempre que Jesús hablaba, las multitudes respondían con un enorme «¿¿Qué?»

Al hacernos la pregunta: «¿Qué significa ser un discípulo de Jesús?» pensemos en lo inesperadas que pueden llegar a ser las respuestas. Recordemos: Jesús no piensa como el común de la gente. Que nuestras cavilaciones corran libremente y con naturalidad, como las de él.

»

» PISTA: LO QUE HACÍA JESÚS MOLESTABA A LA GENTE.

Ser discípulos de Jesús puede poner en peligro nuestras amistades, nuestra vida amorosa y las relaciones con nuestros padres. Jesús les decía a sus discípulos constantemente: «El seguirme puede costarles todo.» No pensemos que si seguimos el ejemplo de Jesús nadie querrá reunirse con nosotros o que no tendremos más amigos. Jesús tenía buenos amigos... y muchos enemigos. Tratemos de hacer lo que Jesús haría, y encontraremos verdaderos camaradas. Probablemente hagamos nuevos amigos. Pero también podríamos lograr nuevos enemigos. Eso forma parte de la aventura.

» PISTA: CUANDO JESÚS HACIA ALGO, LE ERA COSTOSO.

Ser discípulos de Jesús no es fácil. Jesús y sus seguidores no tenían un lugar donde vivir, no tenían dinero. Al final de su jornada sus vidas estaban en peligro. Entregaron sus familias, sus carreras, su seguridad. Mucha gente consideraba a los seguidores de Cristo (esto es, a aquellos que querían ser sus discípulos) como gente loca, borracha o ambas cosas. Cuesta mucho seguir a Cristo. Al hacer lo que él hizo, probablemente nos preguntemos si seguir a Jesús vale la pena. Creámoslo (y creámosle a él): vale la pena.

» PISTA: CUANDO JESÚS ACTUABA, LA VIDA DE LA GENTE ERA TRANSFORMADA.

Por donde quiera que iba, Jesús dejaba a su paso vidas transformadas: la de la mujer sorprendida en adulterio, la del ciego Bartimeo, la de los leprosos, la de la mujer que padecía de flujo de sangre, la de la niña que estaba muriendo. Si tratamos de ser discípulos de Jesús, una cosa es segura: las vidas serán cambiadas y mejoradas. Eso no quiere decir que las personas se transformarán delante de nuestros ojos. A veces simplemente tendremos que confiar que están cambiando. Creamos en la verdad. Descansemos en Jesús. Veamos o no los frutos, el seguir a Jesús siempre traerá como resultado vidas transformadas.

» PISTA: JESÚS PASABA MUCHO TIEMPO SIN HACER NADA, QUE DE HECHO ERA ALGO.

Esto es muy importante. Lo que hacía Jesús era consecuencia de lo que él era. Lo que hacía estaba directamente conectado con su ser. Constantemente huía de las multitudes para estar con su Padre. Jesús sabía que la intimidad era más importante que la actividad. Pasaba tiempo a solas, en silencio, orando, simplemente en la presencia de su Padre, esperando. No pensemos en este proyecto como algo que tenemos que hacer, sino considerémoslo como un llamado: Jesús nos está llamando a ser determinado tipo de persona.

» PISTA: JESÚS FRACASÓ, O AL MENOS ESO PARECÍA.

Ahora sabemos que Jesús no fracasa, pero dos mil años atrás él parecía haber muerto derrotado. Es verdad que no pasó mucho tiempo antes de que algunos de sus seguidores se dieran cuenta de que sus planes no se habían frustrado. De hecho, la mayoría de ellos terminaron perdiendo sus vidas a causa de él, y parecían felices de poder hacerlo. Así que ¿de qué se trata todo esto? Es sencillo. De ser un discípulo de Jesús para vivir una vida plena, emocionante y, quizá no exenta de situaciones de peligro. Al hacer lo que Jesús hubiera hecho, tal vez descubramos que todos (nuestros amigos y familiares incluidos) piensan que somos un fracaso. Sin embargo, Jesús nos sonreirá porque él ya ha pasado por esa situación y ha hecho lo que ahora nos toca hacer. Seguir a Jesús no tiene que ver con el éxito, sino con la fidelidad. Ir tras él puede traer aparejado sufrimiento, dolor y aun la muerte. Pero descubriremos que Jesús está presente hasta en el sufrimiento, aun en el dolor. Él no prometió que seríamos ganadores. Dijo que ganar no era lo importante, porque en el Reino de Dios aun los perdedores ganan.

¿TENEMOS QUE CONTAR QUE ESTAMOS HACIENDO ESTO?

No. Este proyecto de 30 días es entre Jesús y nosotros. Se trata de un pequeño secreto que tiene que ver con nuestra relación con Jesús, no con nuestra relación con los demás. Recordemos cuantas veces Jesús les dijo a sus discípulos: «No le digan a nadie acerca de mí. No digan lo que han visto». ¿Por qué hizo eso? Relata Lucas que cuando María estaba embarazada de Jesús «ella guardaba todas estas cosas en su corazón.» No se las dijo a nadie. Hay algo especial en el guardar secretos. Que esta aventura sea un secreto entre nosotros y Jesús.

PERO ¿Y SI ALGUNOS DE NUESTROS AMIGOS PARTICIPAN TAMBIÉN DEL PROYECTO?

¡Qué bueno! Lo único a tener en cuenta es no ser demasiado obvios. No tener reuniones públicas en la escuela. No juntarse a orar como grupo frente a todos. Simplemente se juntarán en privado para orar unos por otros. Recordemos que es importante guardar esto como un secreto entre Jesús y nosotros. Pero tengamos en cuenta que no debemos mantener a Jesús como un secreto, sino solo nuestro proyecto de 30 días. Reunámonos con el grupo de jóvenes, leamos juntos nuestros manuales diarios y nuestros proyectos, pero asegurémonos de que la experiencia diaria sea personal, entre nosotros y Jesús.

CUÁL ES NUESTRA META: ¿HACER QUE TODOS NUESTROS AMIGOS SE CONVIERTAN EN CRISTIANOS?

Seguro, pero como meta máxima. Nuestro objetivo principal es una meta dentro de esa meta. También es prestar atención a la presencia de Jesús en nuestras vidas, con la esperanza de que aquellos que nos rodean puedan percibirlo en nosotros. Ya sabemos qué va a suceder cuando ellos vean al Señor: caerán de rodillas o huirán para ponerse a resguardo. El caer de rodillas quizás les tome mucho tiempo. Puede que lo que hayan visto de Jesús a través de nuestra vida sea el comienzo en esos tres o diez años de caída. No importa el tiempo que les tome, lo importante es que habrán comenzado su viaje con Jesús a raíz de lo que vieron en nuestra vida.

PREGUNTARNOS CONSTANTEMENTE «¿QUÉ SIGNIFICA SER UN DISCIPULO DE JESÚS?» SUENA ARTIFICIAL Y FALSO. ¿QUÉ SE SUPONE QUE HAGAMOS, ACTUAR COMO SANTOS?

Lo peor que podemos hacer es actuar como una persona perfecta. Jesús todo el tiempo estaba rodeado de personas supuestamente «perfectas» y no pensaba muy bien de ellas (leer Mateo 25). No tratemos de actuar como el Jesús de las películas. Simplemente seamos nosotros mismos. Hagamos lo que siempre hemos hecho, pero permitamos que la pregunta: «¿Qué significa ser un discípulo de Jesús?» inunde nuestra mente y nuestra alma. Después simplemente tendremos que observar lo que sucede. Probablemente nos sorprendamos tanto como la persona con la que estemos tratando. Quizás durante el recreo nos encontremos comiendo con alguien que siempre está solo en la escuela y que se siente rechazado por todos, y que esto suceda no porque sea algo que se supone que hagamos, sino porque, de pronto, nos sintamos atraídos hacia esa persona. No finjamos, no especulemos. Solo dejemos que la presencia de Jesús en nosotros nos sorprenda.

¿Qué significa ser un
discípulo de Jesús?

PRE
⌄

EL PRINCIPIO DE NUESTRO PROYECTO DE 30 DÍAS »

Escribir las expectativas que tenemos para los próximos 30 días. Incluir qué esperamos en nuestra relación con Jesús, en la relación con nuestros padres, amigos, escuela, trabajo e iglesia. ¿Qué deseamos que suceda en los próximos 30 días?

MIS EXPECTATIVAS PARA LOS PRÓXIMOS 30 DÍAS AL PENSAR EN...

Mi relación con Jesús:

Con mis padres:

Con mis amigos:

Con mi escuela:

Con mi trabajo:

Con mi iglesia y grupo de jóvenes:

Y con otras cosas que son importantes en mi vida hoy:

¿Qué significa ser un discípulo de Jesús?

PROBLEMAS CON LOS PADRES

A veces parecería que nuestros padres fueran una molestia. Peleamos con ellos todo el tiempo. Si no es por que no ordenamos nuestra habitación es porque no hemos hecho la tarea, o porque la música está muy alta, o por nuestra ropa, o por nuestros amigos, o por las decisiones que tomamos. Es verdad que hay momentos buenos, pero son muy pocos y no se dan con frecuencia. No entendemos qué es lo que pasa. No decimos que sea culpa de ellos, solo que pensábamos que Jesús haría que las familias fueran mejores. Al discutir con nuestra familia, tratamos de refrenarnos, pero jamás funciona. Siempre terminamos diciendo algo que hubiéramos deseado no decir jamás. Nuestros padres nos critican constantemente. Nunca escuchamos nada positivo o bueno acerca de lo que hacemos. Aunque, ¡ya ni siquiera hablamos demasiado con ellos! ¿Cómo podemos hacer que mejore nuestra familia?

¿QUÉ SIGNIFICA SER UN DISCÍPULO DE JESÚS EN ESTA SITUACIÓN?

Jesús y sus padres
Lucas 2:41-52

Los padres de Jesús subían todos los años a Jerusalén para la fiesta de la Pascua. Cuando cumplió doce años, fueron allá según era la costumbre. Terminada la fiesta, emprendieron el viaje de regreso, pero el niño Jesús se había quedado en Jerusalén, sin que sus padres se dieran cuenta. Ellos, pensando que él estaba entre el grupo de viajeros, viajaron todo un día mientras lo buscaban entre los parientes y conocidos. Al no encontrarlo, volvieron a Jerusalén en su busca. Al cabo de tres días lo encontraron en el templo, sentado entre los maestros, escuchándolos y haciéndoles preguntas. Todos los que le oían se asombraban de su inteligencia y de sus respuestas. Cuando lo vieron sus padres, se quedaron admirados.

—Hijo, ¿por qué te has portado así con nosotros? —le dijo su madre-.
¡Mira que tu padre y yo te hemos estado buscando angustiados!

¿Por qué me buscaban? ¿No sabían que tengo que estar en la casa de mi Padre? Pero ellos no entendieron lo que les decía.

Así que Jesús bajó con sus padres a Nazaret y vivió sujeto a ellos. Pero su madre conservaba todas estas cosas en el corazón. Jesús siguió creciendo en sabiduría y estatura, y cada vez más gozaba del favor de Dios y de toda la gente.

Nuestro turno...

Jesús volvió a su casa y «fue obediente» a sus padres después de haber estado perdido durante tres días. Ellos estaban muy molestos. ¿Qué pensamos de la respuesta que les dio Jesús? ¿El obedecer a nuestros padres es algo negociable? ¿Existen algunas excepciones?

DÍA 01

PROPUESTA PARA LA VIDA REAL »

Busquemos a alguien que parezca estar muy herido. No importa si conocemos o no el nombre de esa persona. Oremos por ella. Si sentimos que hay algo que podemos hacer por esa persona, hagámoslo.

BIEN, CUÉNTAME ¿CÓMO TE FUE HOY?

1. ¿Fuiste consciente de la presencia de Jesús el día de hoy?
   Si fue así, ¿cuándo? Si no, ¿por qué no?

2. ¿Notaste algo diferente en ti hoy?

3. ¿Qué deseas decirle a Jesús después de este día?
   Querido Jesús,

4. ¿Qué te diría Jesús después de este día?
   Querido   ,

¿Qué significa ser un discípulo de Jesús?

MARCO Y LOS GORILAS DE LOS ARMARIOS

∞

Marco reconoció a los dos tipos parados junto a su armario de la escuela. El día anterior los había visto cortar algunos candados y robarse dos bicicletas de montaña del depósito de la escuela. Aparentemente lo habían visto. Parecían gorilas parados junto a su armario.

«Grandioso», pensó Marco. Ahora me van a partir la cara.

Los dos jóvenes le aseguraron que si Marco decía algo a alguien, tendría que atenerse a las consecuencias. No fue una decisión difícil. Marco decidió mantener la boca cerrada.

> ¿QUÉ SIGNIFICA SER UN
> DISCÍPULO DE JESÚS
> EN ESTA SITUACIÓN?

Jesús y las fieras
Marcos 1:12-13; Mateo 4:1-11

En seguida el Espíritu lo impulsó a ir al desierto, y allí fue tentado por Satanás durante cuarenta días. Estaba entre las fieras, y los ángeles le servían.

Luego el Espíritu llevó a Jesús al desierto para que el diablo lo sometiera a tentación. Después de ayunar cuarenta días y cuarenta noches, tuvo hambre. El tentador se le acercó y le propuso:

—Si eres el hijo de Dios, ordena a estas piedras que se conviertan en pan.

Jesús le respondió:

—Escrito está: «No solo de pan vive el hombre, sino de toda palabra que sale de la boca de Dios».

Luego el diablo lo llevó a la ciudad santa e hizo que se pusiera de pie sobre la parte más alta del templo, y le dijo:

—Si eres Hijo de Dios, tírate abajo. Porque escrito está: «Ordenará que sus ángeles te sostengan en sus manos, para que no tropieces con piedra alguna».

También está escrito:

—«No pongas a prueba al Señor tu Dios» —le contestó Jesús.

De nuevo lo tentó el diablo, llevándolo a una montaña muy alta, y le mostró todos los reinos del mundo y su esplendor.

—Todo esto te daré si te postras y me adoras.

—¡Vete, Satanás! —le dijo Jesús—. Porque escrito está: «Adora al Señor tu Dios y sírvele solamente a él».

Entonces el diablo lo dejó, y unos ángeles acudieron a servirle.

Nuestro turno…

Jesús resistió la tentación del poder, la popularidad y las riquezas. ¿Podemos pensar en alguna situación por la que estemos atravesando en nuestra vida en la que debamos resistir alguna de estas cosas?

DÍA 02

PROPUESTA PARA LA VIDA REAL »

Pensemos en alguien de la escuela que siempre esté criticando o burlándose del cristianismo. Tratemos de orar por esa persona cada vez que suene el timbre de cambio de hora durante el día de hoy.

BUENO, CUÉNTAME ¿CÓMO TE FUE HOY?

1. ¿Fuiste consciente de la presencia de Jesús en el día de hoy?
   Si fue así, ¿cuándo? Si no, ¿por qué no?

2. ¿Notaste algo diferente en ti hoy?

3. ¿Qué deseas decirle a Jesús después de este día?
   Querido Jesús,

4. ¿Qué te diría Jesús después de este día?
   Querido   ,

¿Qué significa ser un discípulo de Jesús?

CORA Y EL CHICO RARO

❯❯

Desde que Cora recuerda, tal vez desde el mismo día en que se conoció a su amigo Horacio en segundo año, ella había sentido lástima por él porque era el blanco de todas las burlas. Ellos habían mantenido una larga amistad, Horacio siempre había sido parte de la vida de Cora. Al crecer, Cora se había transformado en una muchacha muy atractiva en la preparatoria y aunque tenía muchos admiradores, jamás se había cuestionado su amistad con Horacio hasta ahora. De un tiempo a esta parte Horacio parecía haberse vuelto una persona posesiva y celosa. De hecho, dos noches atrás la había llamado para invitarla a salir con él. Cora casi se desmaya. ¿Salir con Horacio? ¡Para nada! Ser su amiga estaba bien pero,... ¡ser su novia!... ¡Jamás! Horacio no era bien parecido y además estaba gordo. Por otro lado, Cora se había acercado a él porque pensaba que era una persona triste que realmente necesitaba un amigo. ¿Y ahora qué opciones tenía ella? ¿Decirle que no y destruir esa amistad, o decirle que sí y también darla por terminada?

> ¿QUÉ SIGNIFICA SER UN DISCÍPULO DE JESÚS EN ESTA SITUACIÓN?

Jesus y el hombre extraño
Marcos 1:40-45

Un hombre que tenía lepra se le acercó, y de rodillas le suplicó:

—Si quieres, puedes limpiarme.

Movido a compasión, Jesús extendió la mano y tocó al hombre, diciéndole: —Sí quiero. ¡Queda limpio! Al instante se le quitó la lepra y quedó sano.

Jesús lo despidió en seguida con una fuerte advertencia:

—Mira, no se lo digas a nadie; solo ve, preséntate al sacerdote y lleva por tu purificación lo que ordenó Moisés, para que sirva de testimonio. Pero él salió y comenzó a hablar sin reserva, divulgando lo sucedido. Como resultado, Jesús ya no podía entrar en ningún pueblo abiertamente, sino que se quedaba afuera, en lugares solitarios. Aun así, gente de todas partes seguía acudiendo a él.

Nuestro turno...

Jesús le dijo al leproso que no le dijera a nadie lo que había sucedido. El leproso, de todos modos, lo hizo. Si estuviéramos en el lugar del leproso, ¿qué hubiéramos hecho? ¿Por qué?

DÍA 03

PROPUESTA PARA LA VIDA REAL »

Pensar en una persona que sea el «leproso» en nuestra escuela, alguien a quien todo el mundo evita. Encontremos la forma de animar anónimamente a esa persona durante el día de hoy.

BUENO, CUÉNTAME ¿CÓMO TE FUE HOY?

1. ¿Fuiste consciente de la presencia de Jesús en el día de hoy?
   Si fue así, ¿cuándo? Si no, ¿por qué no?

2. ¿Notaste algo diferente en ti hoy?

3. ¿Qué deseas decirle a Jesús después de este día?
   Querido Jesús,

4. ¿Qué te diría Jesús después de este día?
   Querido   ,

¿Qué significa ser un discípulo de Jesús?

MIEDO EN LA ESCUELA

No quiero ir a la escuela hoy. Debido a las tensiones raciales, el ambiente está tan espeso que se puede cortar con un cuchillo. Hablando de cuchillos, ¿quién sabe cuántos jóvenes tienen armas en la escuela? Hay pleitos casi a diario y rumores de pelea todo el tiempo. La violencia no es algo que le ocurre a otras personas esporádicamente: es una realidad que está presente en mi escuela ahora mismo.

Muchos amigos prefieren ir a colegios privados. Yo no sé qué hacer. Mis padres no tienen dinero para mandarme a una escuela así, y tampoco estoy seguro de querer ir. Todo lo que sé es que tengo miedo todo el tiempo. ¡No sé qué hacer!

¿QUÉ SIGNIFICA SER UN DISCÍPULO DE JESÚS EN ESTA SITUACIÓN?

Miedo en casa (el muchacho del pueblo se porta mal)
Adaptado de Lucas 4:14-30

Jesús fue a Nazaret, donde se había criado, y un sábado entró en la sinagoga como era su costumbre. Se levantó para leer, y le entregaron el libro del profeta Isaías. Al desenrollarlo, encontró el lugar donde está escrito: «El Espíritu del Señor está sobre mí, por cuanto me ha ungido para anunciar buenas nuevas a los pobres. Me ha enviado a proclamar libertad a los cautivos y dar vista a los ciegos, a poner en libertad a los oprimidos, a pregonar el año del favor del Señor».

Luego enrolló el libro, se lo devolvió al ayudante y se sentó. Todos los que estaban en la sinagoga lo miraban detenidamente, y él comenzó a hablarles: «Hoy se cumple esta Escritura en presencia de ustedes».

Todos dieron su aprobación, impresionados por las hermosas palabras que salían de su boca. «¿No es éste el hijo de José?», se preguntaban.

Jesús continuó: «Seguramente ustedes me van a citar el proverbio: "¡Médico, cúrate a ti mismo! Haz aquí en tu tierra lo que hemos oído que hiciste en Capernaúm"».

Pues bien, les aseguro que a ningún profeta lo aceptan en su propia tierra. «No cabe duda de que en tiempos de Elías, cuando el cielo se cerró por tres años y medio, de manera que hubo una gran hambre en toda la tierra, muchas viudas vivían en Israel. Sin embargo, Elías no fue enviado a ninguna de ellas, sino a una viuda de Sarepta, en los alrededores de Sidón. Asímismo, había en Israel muchos enfermos de lepra en tiempos del profeta Eliseo, pero ninguno de ellos fue sanado, sino Naamán el sirio».

Al oír esto, todos los que estaban en la sinagoga se enfurecieron. Se levantaron, lo expulsaron del pueblo y lo llevaron hasta la cumbre de la colina sobre la que estaba construido el pueblo, para tirarlo por el precipicio. Pero él pasó por en medio de ellos y se fue.

Nuestro turno...

Estamos hablando de Jesús con alguien. De pronto, la persona con la que conversamos nos dice: «Perdón, Madre Teresa, no sabía que eras un santo. Creí que eras mi vecino, el que solía escaparse de su casa a la noche para ir a fumar». ¿Qué responderíamos?

DÍA 04

PROPUESTA PARA LA VIDA REAL »

¿A qué le tenemos más miedo en la escuela? Hacer una lista de algunas formas prácticas para vencer nuestro temor. Intentar ejecutar algunas de nuestras ideas durante el día de hoy para ver si funcionan.

BUENO, CUÉNTAME ¿CÓMO TE FUE HOY?

1. ¿Fuiste consciente de la presencia de Jesús en el día de hoy?
   Si fue así, ¿cuándo? Si no, ¿por qué no?

2. ¿Notaste algo diferente en ti hoy?

3. ¿Qué deseas decirle a Jesús después de este día?
   Querido Jesús,

4. ¿Qué te diría Jesús después de este día?
   Querido   ,

¿Qué significa ser
un discípulo de Jesús?

SIN UN LUGAR
ADONDE IR

⯇

La vida en la casa de Denise es horrible y cada vez se pone peor. Ella odia a su padrastro. En realidad, le tiene miedo. Más de una vez él la ha acosado sexualmente. Denise tiene temor de contarle a alguien lo que le pasa. Su mamá cree que Dios la guió a casarse con este hombre, así que Denise piensa que si le dice algo, ella no le creerá. El primer divorcio de su madre resultó tan horrible y doloroso que Denise no soportaría ver a su mamá pasar por la misma situación otra vez. Además, en un año Denise se irá de su casa.

A veces ella se pregunta si lo que está pasando no será, en parte, por su culpa, porque al principio le tenía mucho afecto a su padrastro, ya que su verdadero padre era alcohólico y había estado siempre muy distante de ella. Denise no ha hablado con nadie sobre esta situación, ni siquiera con su novio. No sabe qué hacer.

¿QUÉ SIGNIFICA SER UN DISCÍPULO DE JESÚS EN ESTA SITUACIÓN?

Solo un lugar adonde ir
Juan 6:60-69

Al escucharlo, muchos de sus discípulos exclamaron: «Esta enseñanza es muy difícil; ¿quién puede aceptarla?».

Jesús, muy consciente de que sus discípulos murmuraban por lo que había dicho, les reprochó:

–¿Esto les causa tropiezo? ¿Qué tal si vieran al Hijo del hombre subir adonde antes estaba? El Espíritu da vida; la carne no vale para nada. Las palabras que les he hablado son espíritu y son vida. Sin embargo, hay algunos de ustedes que no creen. Es que Jesús conocía desde le principio quiénes eran los que no creían y quién era el que iba a traicionarlo. Así que añadió:

–Por esto les dije que nadie puede venir a mí, a menos que se lo haya concedido el Padre.

Desde entonces muchos de sus discípulos le volvieron la espalda y ya no andaban con él. Así que Jesús les preguntó a los doce:

–¿También ustedes quieren marcharse?

–Señor —contestó Simón Pedro—, ¿a quién iremos? Tú tienes palabras de vida eterna. Y nosotros hemos creído, y sabemos que tú eres el Santo de Dios.

Nuestro turno...

Si Jesús te hiciera la misma a pregunta, sinceramente, ¿cuál sería tu respuesta?

DÍA 05

PROPUESTA PARA LA VIDA REAL »

Repetirnos durante todo el día la siguiente frase: «Jesús,
¿a quién iremos si no a ti?».

BUENO, CUÉNTAME ¿CÓMO TE FUE HOY?

1. ¿Fuiste consciente de la presencia de Jesús en el día de hoy?
   Si fue así, ¿cuándo? Si no, ¿por qué no?

2. ¿Notaste algo diferente en ti hoy?

3. ¿Qué deseas decirle a Jesús después de este día?
   Querido Jesús,

4. ¿Qué te diría Jesús después de este día?
   Querido   ,

¿Qué significa ser un discípulo de Jesús?

EL ÚLTIMO VERANO

Teresa era una de las chicas que formaban el grupo. Ella y otras cuatro muchachas habían sido amigas íntimas desde principios de la secundaria y ahora todas estaban en el último año. Las cuatro habían ido a la misma iglesia, al mismo grupo de jóvenes, a las mismas fiestas. Se cuidaban unas a otras, y todas sabían cuándo alguna tenía un problema.

Pero algo extraño sucedió el último verano. Teresa había salido en un viaje misionero y luego a pasar las vacaciones con su familia, así que estuvo fuera casi toda la temporada. Cuando regresó no podía creer que sus amigas fueran las mismas. Ellas andaban de fiesta en fiesta, tomaban, tenían relaciones con los muchachos, fumaban. Primero, Teresa trató de seguir perteneciendo al grupito, pero simplemente no pudo. Y ahora se sentía obligada a tomar una decisión. Sus amigas, cuando hablaban con ella después de la escuela, le decían que ya no era divertida. Le expresaron que si ella quería convertirse en una aguafiestas, eso era un tema suyo, pero que no se la pasara intentando impedirles que se divirtieran. También le pidieron que parara con todo ese asuntito de Dios, y que tuviera buena onda. De no ser así, las consecuencias serían inevitables: no tendría más amigas.

Como podemos imaginar, Teresa estaba muy deprimida. ¿Cómo pasaría su último año de preparatoria sin sus mejores amigas?

¿QUÉ SIGNIFICA SER UN DISCÍPULO DE JESÚS EN ESTA SITUACIÓN?

DÍA 06

El precio de decir una mentira
Mateo 26:33-35, 69-75

-Aunque todos te abandonen -declaró Pedro-, yo jamás lo haré.

-Te aseguro —le contestó Jesús—, que esta misma noche, antes de que cante el gallo, me negarás tres veces.

-Aunque tenga que morir contigo —insistió Pedro-, jamás te negaré. Y los demás discípulos dijeron lo mismo.

Mientras tanto, Pedro estaba sentado afuera, en el patio, y una criada se le acercó.

—Tú también estabas con Jesús de Galilea—le dijo.

—No sé de qué estás hablando.

Luego salió a la puerta, donde otra criada lo vio y dijo a los que estaban allí:

-Este estaba con Jesús de Nazaret.

Él lo volvió a negar, jurándoles:

-¡A ese hombre ni lo conozco!

Poco después se acercaron a Pedro los que estaban allí y le dijeron:

-Seguro que eres uno de ellos; se te nota por tu acento.

Y comenzó a echarse maldiciones, y les juró:

-¡A ese hombre ni lo conozco!

En ese instante cantó un gallo. Entonces Pedro se acordó de lo que Jesús había dicho: «Antes de que cante el gallo, me negarás tres veces». Y saliendo de allí, lloró amargamente.

Nuestro turno...

Pedro aseguró firmemente que no traicionaría a Cristo, pero lo hizo. ¿Por qué creemos que Pedro estaba tan equivocado acerca de sí mismo? ¿Vemos alguna advertencia para nosotros en esta historia?

PROPUESTA PARA LA VIDA REAL »

Pensemos en alguien que nos haya traicionado. Si no hemos perdonado a esa persona todavía, escribamos su nombre en un lugar donde podamos verlo frecuentemente. Cada vez que veamos el nombre de esa persona, oremos por ella.

BUENO, CUÉNTAME ¿CÓMO TE FUE HOY?

1. ¿Fuiste consciente de la presencia de Jesús en el día de hoy?
   Si fue así, ¿cuándo? Si no, ¿por qué no?

2. ¿Notaste algo diferente en ti hoy?

3. ¿Qué deseas decirle a Jesús después de este día?
   Querido Jesús,

4. ¿Qué te diría Jesús después de este día?
   Querido   ,

¿Qué significa ser un discípulo de Jesús?

CUANDO LA VIDA SE PONE NEGRA

La semana comenzó mal y fue empeorando. A papá lo echaron del trabajo el lunes. Hace dos meses que un fuerte dolor en la espalda le impide a mi mamá trabajar. Mi hermano Daniel tiene algo raro que los doctores no saben qué es. Lo único que dicen es que no creen que sea cáncer. He tratado de ayudar a mamá en casa y pasar tiempo con Dani. Pero a raíz de eso mis calificaciones andan muy mal. Me esfuerzo mucho, pero ya estoy cansado. ¿Dónde rayos está Jesús? Oré como loco para que papá no perdiera su trabajo. Y no sirvió de nada.

> ¿QUÉ SIGNIFICA SER UN DISCÍPULO DE JESÚS EN ESTA SITUACIÓN?

También a él la vida se le puso negra
Mateo 26:36-46

Luego fue Jesús con sus discípulos a un lugar llamado Getsemaní, y les dijo: «Siéntense aquí mientras voy más allá a orar». Se llevó a Pedro y a los dos hijos de Zebedeo, y comenzó a sentirse triste y angustiado. «Es tal la angustia que me invade, que me siento morir —les dijo-. Quédense aquí y manténganse despiertos conmigo».

Yendo un poco más allá, se postró sobre su rostro y oró: «Padre mío, si es posible, no me hagas beber este trago amargo. Pero no sea lo que yo quiero, sino lo que quieres tú».

Luego volvió adonde estaban sus discípulos y los encontró dormidos. «¿No pudieron mantenerse despiertos conmigo ni una hora? —le dijo a Pedro-. Estén alerta y oren para que no caigan en tentación. El espíritu está dispuesto, pero el cuerpo es débil».

Por segunda vez se retiró y oró: «Padre mío, si no es posible evitar que yo beba este trago amargo, hágase tu voluntad».

Cuando volvió, otra vez los encontró dormidos, porque se les cerraban los ojos de sueño. Así que los dejó y se retiró a orar por tercera vez, diciendo lo mismo.

Volvió de nuevo a los discípulos y les dijo: «¿Siguen durmiendo y descansando? Miren, se acerca la hora, y el Hijo del Hombre va a ser entregado en manos de pecadores. ¡Levántense! ¡Vámonos! ¡Ahí viene el que me traiciona!».

Nuestro turno...

Jesús esperaba poder evitar la cruz orando. Pero no pudo. ¿Qué nos enseña acerca de la oración este incidente, especialmente a la luz de lo dicho por Jesús en el versículo 42: «Si no es posible evitar que yo beba este trago amargo, hágase tu voluntad»?

PROPUESTA PARA LA VIDA REAL »

Sorprendamos a nuestros padres esta mañana limpiando nuestro cuarto y arreglando toda la casa antes de irnos.

BUENO, CUÉNTAME ¿CÓMO TE FUE HOY?

1. ¿Fuiste consciente de la presencia de Jesús en el día de hoy?
   Si fue así, ¿cuándo? Si no, ¿por qué no?

2. ¿Notaste algo diferente en ti hoy?

3. ¿Qué deseas decirle a Jesús después de este día?
   Querido Jesús,

4. ¿Qué te diría Jesús después de este día?
   Querido   ,

¿Qué significa ser
un discípulo de Jesús?

NO ES PARA TANTO

Susana está contando otro de sus chistes groseros. Cada vez que las chicas se juntan, ella tiene un cuento sucio para narrar. Jennifer no tiene idea de donde saca esos chistes Susana… ¡pero son muy graciosos! El líder de jóvenes de Jennifer dice que los cristianos no deberían oír cuentos tan ordinarios. Tal vez sea así, pero no es tan fácil. Todo el mundo los cuenta. ¿Qué debería hacer, ponerse tapones en los oídos? Jennifer piensa que mientras no los repita, no hay de qué preocuparse. Ella dice que la única forma de evitar escuchar chistes sucios es convertirse en un ermitaño.

¿QUÉ SIGNIFICA SER UN
DISCÍPULO DE JESÚS EN
ESTA SITUACIÓN?

Sí es para tanto
Juan 2:13-22

Cuando se aproximaba la Pascua de los judíos, subió Jesús a Jerusalén. Y en el templo halló a los que vendían bueyes, ovejas y palomas, e instalados en sus mesas a los que cambiaban dinero. Entonces, haciendo un látigo de cuerdas echó a todos del templo, juntamente con sus ovejas y sus bueyes; regó por el suelo las monedas de los que cambiaban dinero y derribó sus mesas.

A los que vendían las palomas le dijo:
–¡Saquen esto de aquí! ¿Cómo se atreven a convertir la casa de mi Padre en un mercado?

Sus discípulos se acordaron de que está escrito: «El celo por tu casa me consumirá». Entonces los judíos reaccionaron, preguntándole:
–¿Qué señal puedes mostrarnos para actuar de esta manera?
–Destruyan este templo —respondió Jesús–, y lo levantaré de nuevo en tres días.
– Tardaron cuarenta y seis años en construir este templo, ¿y tú vas a levantarlo en tres días?

Pero el templo al que se refería era su propio cuerpo. Así pues, cuando se levantó de entre los muertos, sus discípulos se acordaron de lo que había dicho, y creyeron en la Escritura y en las palabras de Jesús.

Nuestro turno…

Jesús estaba enojado porque la gente que supuestamente tenía que defender la santidad de Dios era precisamente la que la minimizaba. En otras palabras, esto significa que quienes usan el nombre de Cristo, deben tener cuidado de cómo muestran a Jesús a través de sus vidas. ¿Qué deberían hacer los cristianos cuando oyen que el nombre de Jesús es tenido en poco?

DÍA 08

PROPUESTA PARA LA VIDA REAL »

**Escribamos una carta de aliento para nuestro hermano, hermana, o mejor amigo.
En ella digámosle lo mucho que lo apreciamos.**

BUENO, CUÉNTAME ¿CÓMO TE FUE HOY?

1. ¿Fuiste consciente de la presencia de Jesús en el día de hoy?
   Si fue así, ¿cuándo? Si no, ¿por qué no?

2. ¿Notaste algo diferente en ti hoy?

3. ¿Qué deseas decirle a Jesús después de este día?
   Querido Jesús,

4. ¿Qué te diría Jesús después de este día?
   Querido   ,

¿Qué significa ser un discípulo de Jesús?

MUJER DEGRADADA

≫

«Hola, Linda. Se te ve bien con ese suéter... Quiero decir, tú te ves bien... Bueno, en realidad, las dos cosas».

Luis y sus tres amigos se miraron entre sí y comenzaron a reírse a carcajadas. A Linda le gustaba Luis, pero sus comentarios osados comenzaban a irritarla. No quería perder la oportunidad de salir con él, pero cada vez que le pedía que parara de decirle esas cosas, él contesta que sólo está bromeando. Finalmente, Linda se atrevió y le dijo que no creía que él estuviera bromeando.

Luis sonrió apenas. «¿Quién eres tú?», le dijo. «¿Una feminista nazi?» Linda no supo cómo responderle.

> ¿QUÉ SIGNIFICA SER UN DISCÍPULO DE JESÚS EN ESTA SITUACIÓN?

Una mujer degradada con creces
Juan 8:1-11

«Pero Jesús se fue al monte de los Olivos. Al amanecer se presentó de nuevo en el templo. Toda la gente se le acercó, y él se sentó a enseñarles. Los maestros de la ley y los fariseos llevaron entonces a una mujer sorprendida en adulterio, y poniéndola en medio del grupo le dijeron a Jesús:

–Maestro, a esta mujer se le ha sorprendido en el acto mismo de adulterio. En la ley Moisés nos ordenó apedrear a tales mujeres. ¿Tú qué dices? Con esta pregunta le estaban tendiendo una trampa, para tener de qué acusarlo.

Pero Jesús se inclinó y con el dedo comenzó a escribir en el suelo. Y como ellos lo acosaban a preguntas, Jesús se incorporó y les dijo:

–Aquel de ustedes que esté libre de pecado, que tire la primera piedra. E inclinándose de nuevo, siguió escribiendo en el suelo.

Al oír esto, se fueron retirando uno tras otro, comenzando por los más viejos, hasta dejar a Jesús solo con la mujer, que aún seguía allí. Entonces él se incorporó y le preguntó:

–Mujer, ¿dónde están? ¿Ya nadie te condena?

–Nadie, Señor.

–Tampoco yo te condeno. Ahora vete, y no vuelvas a pecar.

Es nuestro turno

¿Con quién nos sentimos más identificados en esta historia? ¿Por qué?

DÍA 09

PROPUESTA PARA LA VIDA REAL »

Busquemos en la escuela alguien que esté solo en el día de hoy. Comencemos una conversación con esa persona o quizás simplemente sentémonos con ella durante el recreo o en el descanso. No intentemos testificarle, solamente démosle espacio para que hable con nosotros y escuchemos lo que dice.

BUENO, CUÉNTAME ¿CÓMO TE FUE HOY?

1. ¿Fuiste consciente de la presencia de Jesús en el día de hoy?
   Si fue así, ¿cuándo? Si no, ¿por qué no?

2. ¿Notaste algo diferente en ti hoy?

3. ¿Qué deseas decirle a Jesús después de este día?
   Querido Jesús,

4. ¿Qué te diría Jesús después de este día?
   Querido   ,

¿Qué significa ser
un discípulo de Jesús?

ENFADARSE O CERRAR LA BOCA

❧

Enrique se estaba burlando de Samuel otra vez. Eso venía sucediendo desde sexto grado. Samuel estaba en el último año de la preparatoria y tenía que bailar en la obra de teatro de la escuela. Enrique le decía que cualquier hombre que usara mallas era gay. Para ser sinceros, Samuel no sabía si era gay o no. Nunca le había interesado salir con mujeres, pero tampoco le atraían los hombres. Él no sabía bien lo que era, pero tomaba su fe cristiana seriamente. Había tratado de ser amable con Enrique, pero Enrique no entendía lo que era la amabilidad.

Samuel jamás había participado de una pelea, pero las agresiones habían llegado demasiado lejos. Él sabía que podía limpiar el piso con la cara de Enrique, pero francamente no quería pelear con él. Sin embargo, después de hoy, lo que Samuel quiere no es una opción. Enrique estaba parado delante de él, impidiendo que llegara a tiempo al ensayo y diciéndole: «Si quieres que me mueva, mujercita, tendrás que moverme».

¿QUÉ SIGNIFICA SER UN DISCÍPULO DE JESÚS EN ESTA SITUACIÓN?

DÍA 10

Llamar a los grandotes
Mateo 26:47-56

Todavía estaba hablando Jesús cuando llegó Judas, uno de los doce. Lo acompañaba una gran turba armada con espadas y palos, enviada por los jefes de los sacerdotes y los ancianos del pueblo. El traidor les había dado esta contraseña: «Al que le dé un beso, ése es; arréstenlo». En seguida Judas se acercó a Jesús y lo saludó.

−¡Rabí! —le dijo, y lo besó.

−Amigo —le replicó Jesús-, ¿a qué vienes?

Entonces los hombres se acercaron y prendieron a Jesús. En eso, uno de los que estaban con él extendió la mano, sacó la espada e hirió al siervo del sumo sacerdote, cortándole una oreja.

−Guarda tu espada —le dijo Jesús-, porque los que a hierro matan, a hierro mueren. ¿Crees que no puedo acudir a mi Padre, y al instante pondría a mi disposición más de doce batallones de ángeles? Pero entonces, ¿cómo se cumplirían las Escrituras que dicen que así tiene que suceder?

−¿Acaso soy un bandido, para que vengan con espadas y palos a arrestarme? Todos los días me sentaba a enseñar en el templo, y no me prendieron. Pero todo esto ha sucedido para que se cumpla lo que escribieron los profetas. Entonces todos los discípulos lo abandonaron y huyeron.

Nuestro turno…

Notemos que Jesús llama a Judas «amigo».
¿Qué significa ser amigo de Jesús?

PROPUESTA PARA LA VIDA REAL »

Hagamos como el «amigo invisible» y dejemos un regalo anónimo a cada uno de nuestros amigos durante el día de hoy.

BUENO, CUÉNTAME ¿CÓMO TE FUE HOY?

1. ¿Fuiste consciente de la presencia de Jesús en el día de hoy? *Si fue así, ¿cuándo? Si no, ¿por qué no?*

2. ¿Notaste algo diferente en ti hoy?

3. ¿Qué deseas decirle a Jesús después de este día?
    Querido Jesús,

4. ¿Qué te diría Jesús después de este día?
    Querido   ,

¿Qué significa ser un discípulo de Jesús?

¿PARA QUÉ SON LOS AMIGOS?

❯❯

En la escuela todo el mundo tienen muy presente a Carlos Allen. Sus casi dos metros de estatura y todos los campeonatos de basketball del estado en su haber le abrieron las puertas para obtener una beca deportiva completa en una de las mejores universidades.

Fue entonces cuando sucedió el accidente. ¡Qué mala suerte! Allí, en presencia de todos. Por un desperfecto en la palanca de velocidades, uno de los camiones de mantenimiento de la escuela atropelló a varios estudiantes durante el recreo. Hubo una cantidad de golpes y moretones, pero nadie resultó seriamente lastimado, excepto Carlos, a quien se le produjo un pinchazo en la columna vertebral cuando el camión lo aplastó contra la pared. Ahora no puede sentir nada en sus piernas.

El accidente fue hace dos meses, pero nadie habla de eso. Miguel y sus amigos conocen a Carlos desde hace mucho tiempo. Ellos realmente creen que Dios lo puede sanar. Están listos para orar por él con una de esas oraciones donde todos imponen las manos y le piden a Dios que lo sane. Pero ¿y si la oración no funciona? Todos se burlarán de los muchachos. Miguel y sus amigos no saben qué hacer.

¿QUÉ SIGNIFICA SER UN DISCÍPULO DE JESÚS EN ESTA SITUACIÓN?

DÍA 11

Destructores de la casa
Maros 2:1-12

Unos días después, cuando Jesús entró de nuevo en Capernaúm, corrió la voz de que estaba en casa. Se aglomeraron tantos que ya no quedaba sitio ni siquiera frente a la puerta mientras él les predicaba la palabra. Entonces llegaron cuatro hombres que le llevaban un paralítico. Como no podían acercarlo a Jesús por causa de la multitud, quitaron parte del techo de encima de donde estaba Jesús y, luego de hacer una abertura, bajaron la camilla en la que estaba acostado el paralítico. Al ver Jesús la fe de ellos, le dijo al paralítico:

—Hijo, tus pecados quedan perdonados.

Estaban sentados allí algunos maestros de la ley, que pensaban: «¿por qué habla éste así? ¡Está blasfemando! ¿Quién puede perdonar pecados sino solo Dios?»

En ese mismo instante supo Jesús en su espíritu que esto era lo que estaban pensando.

-¿Por qué razonan así? —les dijo-, ¿qué es más fácil, decirle al paralítico: «Tus pecados son perdonados», o decirle: «Levántate, toma tu camilla y anda»? Pues para que sepan que el Hijo del hombre tiene autoridad en la tierra para perdonar pecados —se dirigió entonces al paralítico: A ti te digo, levántate, toma tu camilla y vete a tu casa. Él se levantó, tomó su camilla en seguida y salió caminando a la vista de todos. Ellos se quedaron asombrados y comenzaron a alabar a Dios.

—Jamás habíamos visto cosa igual —decían.

Nuestro turno...

Los hombres de esta historia estaban dispuestos a dañar la propiedad de otro para ayudar a su amigo. ¿Cuán lejos deberíamos ir nosotros con tal de acercar a un amigo a Jesús?

PROPUESTA PARA LA VIDA REAL »

Pensemos en un amigo que no sea cristiano. Oremos durante todo el día para que Dios nos dé una oportunidad de hablar con esa persona acerca de nuestra fe.

BUENO, CUÉNTAME ¿CÓMO TE FUE HOY?

1. ¿Fuiste consciente de la presencia de Jesús en el día de hoy?
   Si fue así, ¿cuándo? Si no, ¿por qué no?

2. ¿Notaste algo diferente en ti hoy?

3. ¿Qué deseas decirle a Jesús después de este día?
   Querido Jesús,

4. ¿Qué te diría Jesús después de este día?
   Querido   ,

¿Qué significa ser un discípulo de Jesús?

SIN ESPERANZA

❯❯

Hay unos cuantos muchachos en la escuela que pertenecen a alguna pandilla. Son enojados y violentos, parecen estar desesperadamente perdidos en un mundo del que yo personalmente no sé nada. La gente dice que cualquiera puede cambiar, pero no lo creo. Realmente pienso que hay jóvenes en nuestra escuela que están más allá de toda esperanza. En otras palabras, no existe manera alguna de que pueda acercarme a esos pandilleros busca pleitos. Yo nunca podría agradarles. Es más, algunos de ellos hasta querrían hacerme daño.

> ¿QUÉ SIGNIFICA SER UN DISCÍPULO DE JESÚS EN ESTA SITUACIÓN?

¿No hay esperanza?
Lucas 23:39-43

Uno de los criminales allí colgados empezó a insultarlo:

—¿No eres tú el Cristo? ¡Sálvate a ti mismo y a nosotros!

Pero el otro criminal lo reprendió:

—¿Ni siquiera temor de Dios tienes, aunque sufres la misma condena? En nuestro caso, el castigo es justo, pues sufrimos lo que merecen nuestros delitos; éste, en cambio, no ha hecho nada malo.

Luego dijo:

—Jesús, acuérdate de mí cuando vengas en tu reino.

—Te aseguro que hoy estarás conmigo en el paraíso —le contestó Jesús.

Nuestro turno…

¿Puede alguien haber ido tan lejos que le sea imposible creer en Jesús? ¿Por qué sí o por qué no?

DÍA 12

PROPUESTA PARA LA VIDA REAL »

Orar por alguna persona que conozcamos que parezca estar demasiado perdida como para querer encontrarse con Jesús. Orar todo el día para que Dios nos dé una oportunidad de hablar sobre nuestra fe con esa persona

BUENO, CUÉNTAME ¿CÓMO TE FUE HOY?

1. ¿Fuiste consciente de la presencia de Jesús en el día de hoy?
   Si fue así, ¿cuándo? Si no, ¿por qué no?

2. ¿Notaste algo diferente en ti hoy?

3. ¿Qué deseas decirle a Jesús después de este día?
   Querido Jesús,

4. ¿Qué te diría Jesús después de este día?
   Querido   ,

¿Qué significa ser un discípulo de Jesús?

UN PASO SECRETO

Luego de que su papá los dejara, Heather comenzó a mantener relaciones sexuales con su novio. Luego de asistir a algunas sesiones de consejería, ella se dio cuenta de que estaba utilizando el sexo como una manera de ahogar su dolor por el divorcio de sus padres. Así que terminó con su novio y gracias a Karen, una líder de jóvenes de la iglesia, Heather comenzó a tomar su fe muy en serio.

Una noche, durante la cena, su mamá la sorprendió con la pregunta: «¿Has sido sexualmente activa?»

Heather recibió tal impacto a causa de aquella pregunta frontal, que no supo qué decir. Su mamá no sabía nada de su pasada actividad sexual y ella no tenía ganas de contárselo justamente ahora que había corregido su vida. Además, su madre ya tenía suficientes preocupaciones como para sumarle una más.

¿QUÉ SIGNIFICA SER UN DISCÍPULO DE JESÚS EN ESTA SITUACIÓN?

Un pasado no tan secreto
Adaptado de Juan 4

Así que Jesús llegó a un lugar llamado Samaria y, cansado del viaje, se sentó junto a un pozo.

En eso llegó una mujer de Samaria a sacar agua, Jesús le dijo:

-Dame un poco de agua. (Sus discípulos habían ido al pueblo a comprar comida).

La mujer Samaritana le respondió:

-¿Cómo se te ocurre pedirme agua, si tú eres judío y yo soy samaritana? (Pues los judíos no se asociaban con los samaritanos).

Jesús afirmó:

-Todo el que beba de esta agua volverá a tener sed, pero el que beba del agua que yo le daré, no volverá a tener sed jamás, sino que dentro de él esa agua se convertirá en un manantial del que brotará vida eterna.

Entonces la mujer le pidió:

-Señor, dame de esa agua para que no vuelva a tener sed ni siga viniendo aquí a sacarla.

Él le dijo: -Ve a llamar a tu esposo, y vuelve acá.

-No tengo esposo —respondió la mujer.

Jesús le declaró: -Bien has dicho que no tienes esposo. Es cierto que has tenido cinco, y el que ahora tienes no es tu esposo. En esto has dicho la verdad.

La mujer dejó su cántaro, volvió al pueblo y le decía a la gente: -Vengan a ver a un hombre que me ha dicho todo lo que he hecho. ¿No será éste el Cristo? Salieron del pueblo y fueron a ver a Jesús.

Muchos de los samaritanos que vivían en aquel pueblo creyeron en él por el testimonio que daba la mujer: "Me dijo todo lo que he hecho».

Nuestro turno...

¿Qué hubiéramos hecho si hubiésemos estado en el lugar de esta mujer? ¿Le hubiéramos dicho a todos o hubiésemos sido más discretos? ¿Por qué?

DÍA 13

PROPUESTA PARA LA VIDA REAL »

Pensemos en alguna manera en que podamos mostrar amabilidad a un profesor durante el día de hoy.

BUENO, CUÉNTAME ¿CÓMO TE FUE HOY?

1. ¿Fuiste consciente de la presencia de Jesús en el día de hoy?
   Si fue así, ¿cuándo? Si no, ¿por qué no?

2. ¿Notaste algo diferente en ti hoy?

3. ¿Qué deseas decirle a Jesús después de este día?
   Querido Jesús,

4. ¿Qué te diría Jesús después de este día?
   Querido   ,

¿Qué significa ser
   un discípulo de Jesús?

VIVIR EN UN MUNDO PERFECTO

❯❯

El campamento de vacaciones en Pascua estuvo increíble. Allí cada uno de los asistentes pudo experimentar a Dios de una forma muy vívida. Fue grandioso estar en un lugar donde no había violencia, ni groserías, ni pleitos. Todos trabajábamos juntos y nos ayudábamos unos a otros, celebrando cada cosa que ocurría en la vida de los demás. No me había dado cuenta de lo negativo que puede ser el ambiente de la escuela. Todos mis amigos me animan a salir de la escuela pública e ir a una escuela cristiana, pues allí todos conocen a Dios y tratan de actuar como cristianos. No hay pandillas. No hay malas influencias. ¿Cómo podría Dios no estar de acuerdo con mi deseo de integrarme a un lugar donde puedo crecer?

¿QUÉ SIGNIFICA SER UN DISCÍPULO DE JESÚS EN ESTA SITUACIÓN?

Quedarse en un mundo perfecto
Mateo 17:1-13

Seis días después, Jesús tomó consigo a Pedro, a Jacobo y a Juan, el hermano de Jacobo, y los llevó aparte, a una montaña alta. Allí se transfiguró en presencia de ellos; su rostro resplandeció como el sol, y su ropa se volvió blanca como la luz. En esto, se le aparecieron Moisés y Elías conversando con Jesús.

Pedro le dijo a Jesús: –Señor, ¡qué bien que estamos aquí! Si quieres, levantaré tres albergues: uno para ti, otro para Moisés y otro para Elías.

Mientras estaba aún hablando, apareció una nube luminosa que los envolvió, de la cual salió una voz que dijo: «Este es mi Hijo amado; estoy muy complacido con él. ¡Escúchenlo!»

Al oír esto los discípulos se postraron sobre sus rostros, aterrorizados. Pero Jesús se acercó a ellos y los tocó.

–Levántense —les dijo–. No tengan miedo. Cuando alzaron la vista, no vieron a nadie más que a Jesús.

Mientras bajaban de la montaña, Jesús les encargó: –No le cuenten a nadie lo que han visto hasta que el Hijo del hombre resucite.

Entonces los discípulos le preguntaron a Jesús: –¿por qué dicen los maestros de la ley que Elías tiene que venir primero?

–Sin duda Elías viene, y restaurará todas las cosas —respondió Jesús–. Pero les digo que Elías ya vino, y no lo reconocieron sino que hicieron con él todo lo que quisieron. De la misma manera va a sufrir el Hijo del hombre a manos de ellos. Entonces entendieron los discípulos que les estaba hablando de Juan el Bautista.

Nuestro turno…

El pasaje dice que los discípulos estaban «aterrorizados». ¿Alguna vez hemos estado aterrorizados de Dios? ¿El estar aterrorizados con respecto a Dios es bueno, malo o ambos?

DÍA 14

PROPUESTA PARA LA VIDA REAL »

Tomemos 30 minutos en el día de hoy para estar en silencio en la presencia de Dios. Busquemos un lugar donde no seamos interrumpidos y pidámosle a Dios que se quede con nosotros. Si lo deseamos, podemos escribir en el manual diario cualquier pensamiento que venga a nuestra mente.

BUENO, CUÉNTAME ¿CÓMO TE FUE HOY?

1. ¿Fuiste consciente de la presencia de Jesús en el día de hoy?
   Si fue así, ¿cuándo? Si no, ¿por qué no?

2. ¿Notaste algo diferente en ti hoy?

3. ¿Qué deseas decirle a Jesús después de este día?
   Querido Jesús,

4. ¿Qué te diría Jesús después de este día?
   Querido   ,

¿Qué significa ser un discípulo de Jesús?

HACER DINERO

❦

He analizado muy bien todo el asunto de la escuela. Mis padres han sido pobres toda su vida, pero yo no pienso recorrer el mismo camino. Yo voy tras el dinero. Me refiero a tomar todas las materias que me sean posibles en la universidad, a estudiar todas las noches hasta tarde y tener dos trabajos los fines de semana. Mi deseo es hacer una carrera en leyes y después… ¡trabajar! No me voy a olvidar de dónde vengo. Compartiré mi riqueza, pero jamás volveré a vivir en la pobreza.

> ¿QUÉ SIGNIFICA SER UN DISCÍPULO DE JESÚS EN ESTA SITUACIÓN?

Aferrarse a las riquezas
Mateo 19:16-30

Sucedió que un hombre se acercó a Jesús y le preguntó: –Maestro, ¿qué de bueno tengo que hacer para obtener la vida eterna?

–¿Por qué me preguntas sobre lo que es bueno? —respondió Jesús–. Solamente hay uno que es bueno. Si quieres entrar en la vida, obedece los mandamientos.

–¿Cuáles? —preguntó el hombre. Contestó Jesús: –"No mates, no cometas adulterio, no robes, no presentes falsos testimonio, honra a tu padre y a tu madre", y "Ama a tu prójimo como a ti mismo."

–Todos ésos los he cumplido —dijo el joven–. ¿Qué más me falta?

–Si quieres ser perfecto, anda, vende lo que tienes y dáselo a los pobres, y tendrás tesoro en el cielo. Luego ven y sígueme.

Cuando el joven oyó esto, se fue triste porque tenía muchas riquezas.

–Les aseguro —comentó Jesús a sus discípulos– que es difícil para un rico entrar en el reino de los cielos. De hecho, le resulta más fácil a un camello pasar por el ojo de una aguja, que a un rico entrar en el reino de Dios.

Al oír esto, los discípulos quedaron desconcertados y decían: –En ese caso, ¿quién podrá salvarse?

–Para los hombres es imposible —aclaró Jesús, mirándoles fijamente–, mas para Dios todo es posible.

–¡Mira nosotros lo hemos dejado todo por seguirte! —le reclamó Pedro–. ¿Y qué ganamos con eso?

–Les aseguro —respondió Jesús– que en la renovación de todas las cosas, cuando el Hijo del hombre se siente en su trono glorioso, ustedes que me han seguido se sentarán también en doce tronos para gobernar a las doce tribus de Israel. Y todo el que por mi causa haya dejado casas, hermanos, hermanas, padre, madre, hijos o terrenos, recibirá cien veces más y heredará la vida eterna. Pero muchos de los primeros serán últimos, y muchos de los últimos serán primeros.

Nuestro turno…

¿Dónde estamos parados en relación con Jesús y el dinero? ¿Se puede ser rico y al mismo tiempo cristiano? Si es así, ¿Por qué dejó Jesús que el joven rico se fuera?

DÍA 15

PROPUESTA PARA LA VIDA REAL »

Busquemos una institución o una obra de caridad a la que podamos donar dinero en el día de hoy.

BUENO, CUÉNTAME ¿CÓMO TE FUE HOY?

1. ¿Fuiste consciente de la presencia de Jesús en el día de hoy?
   Si fue así, ¿cuándo? Si no, ¿por qué no?

2. ¿Notaste algo diferente en ti hoy?

3. ¿Qué deseas decirle a Jesús después de este día?
   Querido Jesús,

4. ¿Qué te diría Jesús después de este día?
   Querido   ,

¿Qué significa ser
un discípulo de Jesús?

EN LA MITAD

HEMOS LLEGADO A LA MITAD DE NUESTRO PROYECTO DE 30 DÍAS »

Regresa y lee las expectativas que escribiste para «El principio de nuestro proyecto de 30 días». Revisa la lista y evalúa cómo te está yendo. Debes tachar algunas de tus expectativas si ahora parecen irrazonables o irrelevantes. Si no haz realizado todas tus expectativas o si ni siquiera te haz acercado, no te preocupes. Solo celebra lo que haz hecho.

CONSIDEREMOS CÓMO VAMOS HASTA AHORA, TENIENDO EN CUENTA LAS EXPECTATIVAS QUE PUSIMOS POR ESCRITO 15 DÍAS ATRÁS SOBRE...

Mi relación con Jesús...

Con mis padres...

Con mis amigos...

Con mi escuela...

Con mi trabajo...

Con mi iglesia y grupo de jóvenes...

Y con otras cosas que son importantes en mi vida hoy:

¿Qué significa ser un discípulo de Jesús?

NO SOY NADIE

Voy a ser muy sincero contigo. No soy nadie. Nunca he sido captado por el «radar de la popularidad» de la escuela. No practico deportes. Me veo igual que todos. No me destaco por tener algún talento. De hecho, lo único destacable en mí es mi silla de ruedas.

La gente que se muestra buena conmigo, generalmente resulta «demasiado buena», entienden a lo que me refiero, ¿no? Es obvio que no me conocen y no quieren conocerme. Para ellos simplemente soy una persona discapacitada. No me mal interpreten. Hay muchos que se burlan de mí. Estoy acostumbrado a ese tipo de trato. Pero… bueno, como dije antes, no soy nadie. A nadie le importo. Si muriera mañana, además de mis padres ¿quién lo notaría?

¿QUÉ SIGNIFICA SER UN DISCÍPULO DE JESÚS EN ESTA SITUACIÓN?

Alguien muy flexible
Lucas 13:10-17

Un sábado Jesús estaba enseñando en una de las sinagogas, y estaba allí una mujer que por causa de un demonio llevaba dieciocho años enferma. Andaba encorvada y de ningún modo podía enderezarse. Cuando Jesús la vio, la llamó y le dijo: –Mujer, quedas libre de tu enfermedad. Al mismo tiempo, puso las manos sobre ella, y al instante la mujer se enderezó y empezó a alabar a Dios.

Indignado porque Jesús había sanado en sábado, el jefe de la sinagoga intervino, dirigiéndose a la gente: Hay seis días en que se puede trabajar, así que vengan esos días para ser sanados, y no el sábado.

¡Hipócritas! –Le contestó el Señor–. ¿Acaso no desata cada uno de ustedes su buey o su burro en sábado, y lo saca del establo para llevarlo a tomar agua? Sin embargo, a esta mujer, que es hija de Abraham, y a quien Satanás tenía atada durante dieciocho largos años, ¿no se le debía quitar esta cadena en sábado?

Cuando razonó así, quedaron humillados todos sus adversarios, pero la gente estaba encantada de tantas maravillas que él hacía.

Nuestro turno…

Jesús tomó en cuenta a la persona que se sentía «nadie» y reprendió a unos cuantos. ¿Qué nos dice eso acerca de Jesús?

DÍA 16

PROPUESTA PARA LA VIDA REAL »

Pensemos en alguien que en la escuela no sea captado por el radar de la popularidad, alguien que se considere a sí mismo un «don nadie». Hagamos algo hoy para ayudar a que esa persona se sienta «alguien».

BUENO, CUÉNTAME ¿CÓMO TE FUE HOY?

1. ¿Fuiste consciente de la presencia de Jesús en el día de hoy?
   Si fue así, ¿cuándo? Si no, ¿por qué no?

2. ¿Notaste algo diferente en ti hoy?

3. ¿Qué deseas decirle a Jesús después de este día?
   Querido Jesús,

4. ¿Qué te diría Jesús después de este día?
   Querido   ,

¿Qué significa ser
un discípulo de Jesús?

Odioso

❯❯

Ver todos los días en la escuela a Seidy
me enloquece. Claro, ella tiene infinidad
de amigos. De hecho, tiene los mejores
amigos que el dinero pueda comprar.
Conduce un nuevo Mustang convertible
(¿o debería decir, un Mustang convertible
rojo?). Siempre anda haciendo gala de su
dinero, su ropa elegante y el hecho de que
su papá es un destacado abogado en
criminología. Quisiera tenerla lo más lejos
posible. ¡Qué odiosa!

¿QUÉ SIGNIFICA SER UN
DISCÍPULO DE JESÚS EN
ESTA SITUACIÓN?

Ex-odioso
Lucas 19:1-10

Jesús llegó a Jericó y comenzó a cruzar la
ciudad. Resulta que había allí un
hombre llamado Zaqueo, jefe de los
recaudadores de impuestos que era muy
rico. Estaba tratando de ver quién era
Jesús, pero la multitud se lo impedía,
pues era de baja estatura. Por eso se
adelantó corriendo y se subió a un árbol
para poder verlo, ya que Jesús iba a pasar
por allí.

Llegando al lugar, Jesús miró hacia
arriba y le dijo: «Zaqueo, baja
enseguida. Tengo que quedarme hoy en
tu casa. Así que se apresuró a bajar y,
muy contento, recibió a Jesús en su casa.

Al ver esto, todos empezaron a
murmurar: «Ha ido a hospedarse con
un pecador».

Pero Zaqueo dijo resueltamente:
-Mira, Señor: Ahora mismo voy a dar a
los pobres la mitad de mis bienes, y si en
algo he defraudado a alguien, le
devolveré cuatro veces la cantidad que
sea.

-Hoy ha llegado la salvación a esta casa
—le dijo Jesús-, ya que éste también es
hijo de Abraham. Porque el Hijo del
hombre vino a buscar y a salvar lo que se
había perdido.

Nuestro turno...
*Muchas veces en la Biblia la gente era sanada o
cambiada por Jesús y a algunos eso no les caía bien.
Se enojaban, tenían temor o se sentían amenazados,
pero no se alegraban por esa salvación. ¿Por qué?*

*Por qué algunas personas desean que otras no
progresen y se queden siempre en el mismo lugar,
aunque ese lugar sea malo? ¿Podemos pensar en
algunos ejemplos en nuestra propia vida?*

DÍA 17

PROPUESTA PARA LA VIDA REAL »

Pensemos en alguien que conozcamos que haya cambiado para bien.
Escribámosle una cartita o llamémoslo por teléfono para alentarlo.

BUENO, CUÉNTAME ¿CÓMO TE FUE HOY?

1. ¿Fuiste consciente de la presencia de Jesús en el día de hoy?
   Si fue así, ¿cuándo? Si no, ¿por qué no?

2. ¿Notaste algo diferente en ti hoy?

3. ¿Qué deseas decirle a Jesús después de este día?
   Querido Jesús,

4. ¿Qué te diría Jesús después de este día?
   Querido   ,

¿Qué significa ser un discípulo de Jesús?

¿ELLA LO HIZO O NO?

≽

Sharon terminó con Ron el fin de semana pasado porque él la estaba presionando para tener relaciones sexuales. El chisme que corre en la escuela es que Sharon está embarazada. Pero la verdad es que Sharon no mantuvo relaciones sexuales con Ron a causa de sus convicciones y su fe. Ella está deshecha pues se enteró de los rumores. Además, supo que Ron les había dicho a sus amigos que él y Sharon habían mantenido relaciones sexuales con frecuencia. Sharon no sabe qué hacer.

¿QUÉ SIGNIFICA SER UN DISCÍPULO DE JESÚS EN ESTA SITUACIÓN?

¿Él lo hizo o no lo hizo?

Marcos 15:1-5

Tan pronto como amaneció, los jefes de los sacerdotes, con los ancianos, los maestros de la ley y el Consejo pleno, llegaron a una decisión. Ataron a Jesús, se lo llevaron y se lo entregaron a Pilato.

-¿Eres tú el rey de los judíos? —le preguntó Pilato.

-Tú mismo lo dices —respondió.

Los jefes de los sacerdotes se pusieron a acusarlo de muchas cosas.

-¿No vas a contestar? —le preguntó de nuevo Pilato-. Mira de cuántas cosas te están acusando.

Pero Jesús ni aun con eso contestó nada, de modo que Pilato se quedó asombrado.

DÍA 18

Nuestro turno...

¿Por qué no habló Jesús al final de este pasaje?

PROPUESTA PARA LA VIDA REAL »

Cada vez que nos crucemos con un estudiante en el día de hoy, hagamos una oración rápida por nuestra escuela. Algo así como, «Jesús, por favor, date a conocer en nuestra escuela».

BUENO, CUÉNTAME ¿CÓMO TE FUE HOY?

1. ¿Fuiste consciente de la presencia de Jesús en el día de hoy?
   Si fue así, ¿cuándo? Si no, ¿por qué no?

2. ¿Notaste algo diferente en ti hoy?

3. ¿Qué deseas decirle a Jesús después de este día?
   Querido Jesús,

4. ¿Qué te diría Jesús después de este día?
   Querido   ,

¿Qué significa ser
un discípulo de Jesús?

UN MAL TESTIGO

≫

Un grupo de cristianos radicales está causando conmoción en la escuela. Se reúnen cada mañana para tener un estudio bíblico, usan camisetas con lemas religiosos, constantemente buscan maneras de hablar de Jesús en las clases y siempre tratan de testificar a los muchachos. Creo que es grandioso lo que estos jóvenes están haciendo, pero yo no soy uno de ellos.

Roberto, uno de los líderes del grupo, sabe que soy cristiano e insiste en que entre al grupo. Me dice que necesito «estar encendido para Jesús». Él piensa que soy un cristiano tibio y que tengo que decidir si voy a seguir o no a Cristo. Me dice que no oro ni leo la Biblia lo suficiente. La última vez me comentó que él no cree que yo sea realmente cristiano. Estoy confundido. Vivo la vida cristiana de un modo diferente a la de Roberto y su grupo. Lentamente he tratado de construir relaciones con un par de muchachos que conozco que no son cristianos. De hecho ellos no quieren saber nada con el grupo de Roberto.

¿QUÉ SIGNIFICA SER UN DISCÍPULO DE JESÚS EN ESTA SITUACIÓN?

Un mal guardador del sábado
Mateo 12:1-13

Por aquel tiempo pasaba Jesús por los sembrados en sábado. Sus discípulos tenían hambre, así que comenzaron a arrancar algunas espigas de trigo y comérselas. Al ver esto los fariseos le dijeron:

—¡Mira! Tus discípulos están haciendo lo que está prohibido en sábado.

Él les contestó:

—¿No han leído lo que hizo David en aquella ocasión en que él y sus compañeros tuvieron hambre? Entró en la casa de Dios, y él y sus compañeros comieron los panes consagrados a Dios, lo que no se les permitía a ellos sino sólo a los sacerdotes. ¿O no han leído en la ley que los sacerdotes en el templo profanaban el sábado sin incurrir en culpa? Pues yo les digo que aquí está uno más grande que el templo. Si ustedes supieran lo que significa: "Lo que pido de ustedes es misericordia y no sacrificios", no condenarían a los que no son culpables. Sepan que el Hijo del hombre es Señor del sábado.

Pasando de allí, entró en la sinagoga, donde había un hombre que tenía una mano paralizada. Como buscaban un motivo para acusar a Jesús le preguntaron:

—¿Está permitido sanar en sábado?

Él les contestó:

—Si alguno de ustedes tiene una oveja y en sábado se le cae en un hoyo ¿no la agarra y la saca? ¡Cuánto más vale un hombre que una oveja! Por lo tanto está permitido hacer el bien en sábado.

Entonces le dijo al hombre:

—Extiende la mano. Así que la extendió y le quedó restablecida, tan sana como la otra.

Nuestro turno...

¿Por qué los fariseos se enojaron tanto con Jesús y sus discípulos? ¿Por qué los cristianos son tan críticos con otros cristianos? ¿Considerarías al Roberto de la historia anterior un fariseo o solamente un cristiano preocupacado?

DÍA 19

PROPUESTA PARA LA VIDA REAL »

Pensemos en un adulto de nuestra iglesia a quien realmente apreciemos. Llamémoslo o escribámosle una cartita y digámosle por qué lo apreciamos.

BUENO, CUÉNTAME ¿CÓMO TE FUE HOY?

1. ¿Fuiste consciente de la presencia de Jesús en el día de hoy?
   Si fue así, ¿cuándo? Si no, ¿por qué no?

2. ¿Notaste algo diferente en ti hoy?

3. ¿Qué deseas decirle a Jesús después de este día?
   Querido Jesús,

4. ¿Qué te diría Jesús después de este día?
   Querido   ,

¿Qué significa ser
un discípulo de Jesús?

¿DÓNDE ESTÁ DIOS?

≫

La gente de la iglesia siempre habla de la presencia de Dios en su vida. Algunos dicen que pueden escuchar a Dios cuando les habla. Otros dicen que saben cuando Dios está presente. Yo leo la Biblia y oro todo el tiempo, pero sinceramente nunca he experimentado realmente a Dios. ¿Eso significa que no soy cristiano? ¿Significa que no me estoy esforzando lo suficiente?

Estoy confundido y un poco temeroso también. Yo deseo experimentar a Dios en mi vida.

¿QUÉ SIGNIFICA SER UN
DISCÍPULO DE JESÚS EN
ESTA SITUACIÓN?

¿Dónde está Jesús?

Lucas 24:13-32

Aquel mismo día dos de ellos se dirigían a un pueblo llamado Emaús, a unos once kilómetros de Jerusalén. Iban conversando sobre todo lo que había acontecido. Sucedió que, mientras hablaban y discutían, Jesús mismo se acercó y comenzó a caminar con ellos; pero no lo reconocieron, pues sus ojos estaban velados.

—¿Qué vienen discutiendo por el camino? —les preguntó.

Se detuvieron, cabizbajos; y uno de ellos, llamado Cleofás, le dijo:

—¿Eres tú el único peregrino en Jerusalén que no se ha enterado de todo lo que ha pasado recientemente?

—¿Qué es lo que ha pasado? —les preguntó.

—Lo de Jesús de Nazaret. Era un profeta, poderoso en obras y en palabras delante de Dios y de todo el pueblo. Los jefes de los sacerdotes y nuestros gobernantes lo entregaron para ser condenado a muerte, y lo crucificaron, pero nosotros abrigábamos la esperanza de que era él quien redimiría a Israel. Es más, ya hace tres días que sucedió todo esto. También algunas mujeres de nuestro grupo nos dejaron asombrados. Esta mañana, muy temprano, fueron al sepulcro pero no hallaron su cuerpo. Cuando volvieron, nos contaron que se les habían aparecido unos ángeles quienes les dijeron que él está vivo. Algunos de nuestros compañeros fueron después al sepulcro y lo encontraron tal como habían dicho las mujeres, pero a él no lo vieron.

—¡Qué torpes son ustedes —les dijo—, y qué tardos de corazón para creer todo lo que han dicho los profetas! ¿Acaso no tenía que sufrir el Cristo estas cosas antes de entrar en su gloria?

Entonces, comenzando por Moisés y por todos los profetas, les explicó lo que se refería a él en todas las Escrituras.

Al acercarse al pueblo adonde se dirigían, Jesús hizo como que iba más lejos. Pero ellos insistieron:

—Quédate con nosotros, que está atardeciendo; ya es casi de noche. Así que entró para quedarse con ellos.

Luego estando con ellos a la mesa, tomó el pan, lo bendijo, lo partió y se los dio. Entonces se les abrieron los ojos y lo reconocieron, pero él desapareció. Se decían el uno al otro:

—¿No ardía nuestro corazón mientras conversaba con nosotros en el camino y nos explicaba las Escrituras?

Nuestro turno...
¿Hemos experimentado alguna vez a Dios? Si es así, ¿cuándo? Si no, ¿por qué no llamar a nuestro líder de jóvenes y preguntarle cómo podemos hacer que eso suceda?

DÍA 20

PROPUESTA PARA LA VIDA REAL »

Antes de ir a la escuela hoy pidámosle a Jesús que se revele a nosotros en una forma especial. Después mantengamos nuestros ojos, oídos y corazón abiertos para experimentar la presencia de Dios.

BUENO, CUÉNTAME ¿CÓMO TE FUE HOY?

1. ¿Fuiste consciente de la presencia de Jesús en el día de hoy?
   Si fue así, ¿cuándo? Si no, ¿por qué no?

2. ¿Notaste algo diferente en ti hoy?

3. ¿Qué deseas decirle a Jesús después de este día?
   Querido Jesús,

4. ¿Qué te diría Jesús después de este día?
   Querido   ,

¿Qué significa ser un discípulo de Jesús?

¿CÓMO PUEDO SERVIR EN LA ESCUELA?

⌄

Varias veces he participado en proyectos de servicio a la comunidad. ¡Fueron buenísimos! He construido casas para la gente pobre, he trabajado en la escuela de una zona pobre de la ciudad y he pintado casas para los indios apalaches. Me gusta hacer cosas para otros. Pero cuando vuelvo a casa y me encuentro nuevamente en mi vecindario y en mi escuela, no sé cómo servir a otros. ¿Qué puedo hacer? ¿Acercarme a un muchacho necesitado y ofrecerle algo de dinero?

¿QUÉ SIGNIFICA SER UN DISCÍPULO DE JESÚS EN ESTA SITUACIÓN?

¿Quién es mi vecino?
Lucas 10:25-37

En esto se presentó un experto en la ley y, para poner a prueba a Jesús, le hizo esta pregunta:

–Maestro, ¿qué tengo que hacer para heredar la vida eterna?

Jesús replicó:

–¿Qué está escrito en la ley? ¿Cómo la interpretas tú?

Como respuesta el hombre citó:

–«Ama al Señor tu Dios con todo tu corazón, con todo tu ser, con todas tus fuerzas y con toda tu mente» y «Ama a tu prójimo como a ti mismo».

–Bien contestado —le dijo Jesús–. Haz eso y vivirás.

Pero él quería justificarse, así que le preguntó a Jesús:

–¿Y quién es mi prójimo?

Jesús respondió:

–Bajaba un hombre de Jerusalén a Jericó, y cayó en manos de unos ladrones. Le quitaron la ropa, lo golpearon y se fueron, dejándolo medio muerto. Resulta que viajaba por el mismo camino un sacerdote quien, al verlo, se desvió y siguió de largo. Así también llegó a aquel lugar un levita, y al verlo, se desvió y siguió de largo. Pero un samaritano que iba de viaje llegó a donde estaba el hombre y, viéndolo, se compadeció de él. Se acercó, le curó las heridas con vino y aceite, y se las vendó. Luego lo montó sobre su propia cabalgadura, lo llevó a un alojamiento y lo cuidó. Al día siguiente, sacó dos monedas de plata y se las dio al dueño del alojamiento. "Cuídemelo —le dijo-, y lo que gaste usted de más, se lo pagaré cuando yo vuelva." ¿Cuál de estos tres piensas que demostró ser el prójimo del que cayó en manos de los ladrones?

–El que se compadeció de él —contestó el experto en la ley.

–Anda entonces y haz tú lo mismo —concluyó Jesús.

Nuestro turno...

Hacer una lista de las formas en las que podemos servir a nuestro «vecino».

PROPUESTA PARA LA VIDA REAL »

Sirvamos secretamente a alguien de nuestro vecindario. Lavemos un automóvil, cortemos el pasto, levantemos las hojas o hagamos alguna otra cosa sin dejar que la persona a la que servimos sepa quién lo hizo.

BUENO, CUÉNTAME ¿CÓMO TE FUE HOY?

1. ¿Fuiste consciente de la presencia de Jesús en el día de hoy?
   Si fue así, ¿cuándo? Si no, ¿por qué no?

2. ¿Notaste algo diferente en ti hoy?

3. ¿Qué deseas decirle a Jesús después de este día?
   Querido Jesús,

4. ¿Qué te diría Jesús después de este día?
   Querido   ,

¿Qué significa ser
un discípulo de Jesús?

LO MÁS IMPORTANTE

❧

Lo más importante que un cristiano puede hacer es hablar de Jesús a otros. Pensemos en eso. Sin Jesús, las personas no tienen vida, no obtienen el perdón y no poseen gozo. Sin Jesús no hay esperanza. Yo creo que no se puede perder el tiempo ayudando a la y creyendo que ellos verán a Jesús en ese servicio. De ninguna manera. Yo me voy a dedicar a hablar de Jesús a cuantos encuentre. Mi trabajo es ganar a tantos jóvenes para Cristo como me sea posible, y eso es lo que voy a hacer.

¿QUÉ SIGNIFICA SER UN DISCÍPULO DE JESÚS EN ESTA SITUACIÓN?

Quizás *esto* sea lo más importante
Juan 13:1-15

Se acercaba la fiesta de la Pascua. Jesús sabía que le había llegado la hora de abandonar este mundo para volver al Padre. Y habiendo amado a los suyos que estaban en el mundo, los amó hasta el fin.

Llegó la hora de la cena. El diablo ya había incitado a Judas Iscariote, hijo de Simón, para que traicionara a Jesús. Sabía Jesús que el Padre había puesto todas las cosas bajo su dominio y que había salido de Dios y a él volvía; así que se levantó de la mesa, se quitó el manto y se ató una toalla a la cintura. Luego echó agua en un recipiente y comenzó a lavarles los pies a sus discípulos y a secárselos con la toalla que llevaba a la cintura.

Cuando llegó a Simón Pedro, éste le dijo:

–¿Y tú, Señor, me vas a lavar los pies a mí?

—Ahora no entiendes lo que estoy haciendo —le respondió Jesús-, pero lo entenderás más tarde.

–¡No! —protestó Pedro-. ¡Jamás me lavarás los pies!

–Si no te los lavo, no tendrás parte conmigo.

–Entonces, Señor, ¡no sólo los pies sino también las manos y la cabeza!

–El que ya se ha bañado no necesita lavarse más que los pies —le contestó Jesús-; pues ya todo su cuerpo está limpio. Y ustedes ya están limpios, aunque no todos.

Jesús sabía quién lo iba a traicionar, y por eso dijo que no todos estaban limpios.

Cuando terminó de lavarles los pies, se puso el manto y volvió a su lugar. Entonces les dijo:

–¿Entienden lo que he hecho con ustedes? Ustedes me llaman Maestro y Señor, y dicen bien, porque lo soy. Pues si yo, el Señor y el Maestro, les he lavado los pies, también ustedes deben lavarse los pies los unos y los otros. Les he puesto el ejemplo, para que hagan lo mismo que yo he hecho con ustedes.

Nuestro turno...

¿Cuál es la forma más importante en que pueden testificar los cristianos?

DÍA 22

PROPUESTA PARA LA VIDA REAL »

Darle a cada miembro de nuestra familia un «cupón» para ser canjeado por un lavado de platos o una pasada de aspiradora cuando no sea nuestro turno; o válido para solicitar que apaguemos el estéreo o no usemos el teléfono por un día entero.

BUENO, CUÉNTAME ¿CÓMO TE FUE HOY?

1. ¿Fuiste consciente de la presencia de Jesús en el día de hoy?
   Si fue así, ¿cuándo? Si no, ¿por qué no?

2. ¿Notaste algo diferente en ti hoy?

3. ¿Qué deseas decirle a Jesús después de este día?
   Querido Jesús,

4. ¿Qué te diría Jesús después de este día?
   Querido   ,

¿Qué significa ser un discípulo de Jesús?

¿CÓMO LO DIGO?

Estaba sentada a solas en el recreo, tratando de estudiar cuanto me fuera posible para mi examen de historia, cuando una de las chicas de la banda, Laura, se sentó junto a mí. Aunque somos compañeras, rara vez conversamos. Ciertamente no tenía deseos de hablar con ella durante mi sesión de estudio. Me porté tan bien como me fue posible, pero seguí estudiando, con la secreta esperanza de que Laura no se quedara por mucho tiempo. Después de un minuto, me di cuenta de que ella no pensaba irse.

Me di vuelta para conversar con ella y noté que estaba llorando.

-¿Qué te pasa Laura? -le pregunté.

Ella me miró a los ojos y me dijo:

-¿Cómo puedo hacer para ser cristiana?

Casi me caigo de la silla.

-¿Estás hablando en serio? —exclamé sorprendida.

-Sí, estoy hablando en serio, Carolina. Mi vida es un desastre. En este momento mis padres se están divorciando. Yo sé que tú vas a la iglesia. Te vi en el encuentro «Te veré en el mástil de la bandera», orando por todos nosotros. Así que dime, ¿cómo puedo tener lo que tú tienes?

¡Qué sorpresa me llevé! Le pregunté si quería orar y pedirle a Jesús que entrara en su vida y ¡dijo que sí! Yo no podía creerlo. Eso fue ayer. Y ahora, ¿cómo sigue todo esto?

¿QUÉ SIGNIFICA SER UN DISCÍPULO DE JESÚS EN ESTA SITUACIÓN?

DÍA 23

¿Cómo lo hago?
Juan 3:1-16

Había entre los fariseos un dirigente de los judíos llamado Nicodemo. Este fue de noche a visitar a Jesús.

—Rabí —le dijo-, sabemos que eres un maestro que ha venido de parte de Dios, porque nadie podría hacer las señales que tú haces si Dios no estuviera con él.

-De veras te aseguro que quien no nazca de nuevo no puede ver el reino de Dios —dijo Jesús.

-¿Cómo puede uno nacer de nuevo siendo ya viejo? —preguntó Nicodemo-. ¿Acaso puede entrar por segunda vez en el vientre de su madre y volver a nacer?

-Yo te aseguro que quien no nazca de agua y del Espíritu, no puede entrar en el reino de Dios —respondió Jesús-. Lo que nace del cuerpo es cuerpo lo que nace del Espíritu es espíritu. No te sorprendas de que te haya dicho: "Tienen que nacer de nuevo". El viento sopla por donde quiere, y lo oyes silbar, aunque ignoras de dónde viene y a dónde va. Lo mismo pasa con todo el que nace del Espíritu.

Nicodemo replicó:

-¿Cómo es posible que esto suceda?

-Tú eres maestro de Israel, ¿y no entiendes estas cosas? —respondió Jesús-. Te digo con seguridad y verdad que hablamos de lo que sabemos y damos testimonio de lo que hemos visto personalmente pero ustedes no aceptan nuestro testimonio. Si les he hablado de las cosas terrenales, y no creen, ¿entonces cómo van a creer si les hablo de las celestiales? Nadie ha subido jamás al cielo sino el que descendió del cielo, el Hijo del hombre. Como levantó Moisés la serpiente en el desierto, así también tiene que ser levantado el Hijo del hombre, para que todo el que crea en él tenga vida eterna.

Porque tanto amó Dios al mundo, que dio a su Hijo unigénito, para que todo el que cree en él no se pierda, sino que tenga vida eterna.

Nuestro turno...

¿Cuál es la mejor manera de ayudar a un nuevo cristiano?

PROPUESTA PARA LA VIDA REAL »

Anotémonos como voluntarios un domingo al mes para enseñar a los niños pequeños de la iglesia sobre Jesús.

BUENO, CUÉNTAME ¿CÓMO TE FUE HOY?

1. ¿Fuiste consciente de la presencia de Jesús en el día de hoy?
   Si fue así, ¿cuándo? Si no, ¿por qué no?

2. ¿Notaste algo diferente en ti hoy?

3. ¿Qué deseas decirle a Jesús después de este día?
   Querido Jesús,

4. ¿Qué te diría Jesús después de este día?
   Querido   ,

¿Qué significa ser un discípulo de Jesús?

LA DUBITATIVA DIANA

❧

Es verdad, siempre hago muchas preguntas. Vuelvo locos a mis maestros, a mis padres y me vuelvo loca a mí misma. Pero no lo puedo evitar; las preguntas surgen de mi cabeza. Trato de refrenarlas, pero no se detienen.

Soy cristiana. O al menos eso pienso. ¿Lo ven? Ahí voy de nuevo. La mitad del tiempo me lo paso dudando sobre si seré cristiana, y la otra mitad del tiempo sobre si el cristianismo es verdadero. Si Jesús estuviera sentado aquí ahora mismo, ¡cuántas preguntas le haría! Pero mi duda es si él me las contestaría u ordenaría que un rayo me partiera.

> ¿QUÉ SIGNIFICA SER UN DISCÍPULO DE JESÚS EN ESTA SITUACIÓN?

El Dubitativo Tomás
Juan 20:19-31

Al atardecer de aquel primer día de la semana, estando reunidos los discípulos a puerta cerrada por temor a los judíos, entró Jesús y, poniéndose en medio de ellos, los saludó.

–¡La paz sea con ustedes! Dicho esto, les mostró las manos y el costado. Al ver al Señor, los discípulos se alegraron.

–¡La paz sea con ustedes! –repitió Jesús–. Como el Padre me envió a mí, así yo los envío a ustedes. Acto seguido, sopló sobre ellos y les dijo:

–Reciban el Espíritu Santo. A quienes les perdonen sus pecados, les serán perdonados; a quienes no se los perdonen, no les serán perdonados.

Tomás, al que apodaban el Gemelo,* y que era uno de los doce, no estaba con los discípulos cuando llegó Jesús. Así que los otros discípulos le dijeron:

–¡Hemos visto al Señor!

–Mientras no vea yo la marca de los clavos en sus manos, y meta mi dedo en las marcas y mi mano en su costado, no lo creeré –repuso Tomás.

Una semana más tarde estaban los discípulos de nuevo en la casa, y Tomás estaba con ellos. Aunque las puertas estaban cerradas, Jesús entró y, poniéndose en medio de ellos, los saludó.

–¡La paz sea con ustedes!

Luego le dijo a Tomás:

–Pon tu dedo aquí y mira mis manos. Acerca tu mano y métela en mi costado. Y no seas incrédulo, sino hombre de fe.

–¡Señor mío y Dios mío! –exclamó Tomás.

–Porque me has visto, has creído –le dijo Jesús–; dichosos los que no han visto y sin embargo creen.

Jesús hizo muchas otras señales milagrosas en presencia de sus discípulos, las cuales no están registradas en este libro.

Pero éstas se han escrito para que ustedes crean que Jesús es el Cristo, el Hijo de Dios, y para que al creer en su nombre tengan vida.

DÍA 24

DÍA 24

Nuestro turno...

¿Creemos que las dudas son sanas? ¿Por qué?

PROPUESTA PARA LA VIDA REAL »

Pensemos en un área de nuestra vida en la que necesitamos la ayuda de Jesús. Oremos para que nos ayude en esa situación cada vez que comience una nueva hora de clase durante el día de hoy.

BUENO, CUÉNTAME ¿CÓMO TE FUE HOY?

1. ¿Fuiste consciente de la presencia de Jesús en el día de hoy?
   Si fue así, ¿cuándo? Si no, ¿por qué no?

2. ¿Notaste algo diferente en ti hoy?

3. ¿Qué deseas decirle a Jesús después de este día?
   Querido Jesús,

4. ¿Qué te diría Jesús después de este día?
   Querido   ,

¿Qué significa ser un discípulo de Jesús?

ASFIXIADO

❯❯

Sucedió que al acercarse Jesús a Jericó, estaba un ciego sentado junto al camino pidiendo limosna. Cuando oyó a la multitud que pasaba, preguntó qué acontecía.

-Jesús de Nazaret está pasando por aquí -le respondieron.

-¡Jesús, Hijo de David, ten compasión de mí! -gritó el ciego.

Los que iban delante lo reprendían para que se callara, pero él se puso a gritar aún más fuerte:

-¡Hijo de David, ten compasión de mí!

Jesús se detuvo y mandó que se lo trajeran. Cuando el ciego se acercó, le preguntó Jesús:

-¿Qué quieres que haga por ti?

-Señor, quiero ver.

-¡Recibe la vista! -le dijo Jesús-. Tu fe te ha sanado.

Al instante recobró la vista. Entonces, glorificando a Dios, comenzó a seguir a Jesús, y todos los que lo vieron daban

> ¿QUÉ SIGNIFICA SER UN DISCÍPULO DE JESÚS EN ESTA SITUACIÓN?

Cegado
Lucas 18:35-43

Sucedió que al acercarse Jesús a Jericó, estaba un ciego sentado junto al camino pidiendo limosna. Cuando oyó a la multitud que pasaba, preguntó qué acontecía.

-Jesús de Nazaret está pasando por aquí -le respondieron.

-¡Jesús, Hijo de David, ten compasión de mí! -gritó el ciego.

Los que iban delante lo reprendían para que se callara, pero él se puso a gritar aún más fuerte:

-¡Hijo de David, ten compasión de mí!

Jesús se detuvo y mandó que se lo trajeran. Cuando el ciego se acercó, le preguntó Jesús:

-¿Qué quieres que haga por ti?

-Señor, quiero ver.

-¡Recibe la vista! -le dijo Jesús-. Tu fe te ha sanado.

Al instante recobró la vista. Entonces, glorificando a Dios, comenzó a seguir a Jesús, y todos los que lo vieron daban alabanza a Dios.

Nuestro turno...

¿Le tenemos miedo a Jesús o estamos dispuestos a pedirle ayuda sin que nos importe nada?

DÍA 25

PROPUESTA PARA LA VIDA REAL »

Pensemos en alguien que conozcamos y que necesite ayuda. Ofrezcámonos a asistir a esa persona y perseveremos hasta finalizar la tarea.

BUENO, CUÉNTAME ¿CÓMO TE FUE HOY?

1. ¿Fuiste consciente de la presencia de Jesús en el día de hoy?
   Si fue así, ¿cuándo? Si no, ¿por qué no?

2. ¿Notaste algo diferente en ti hoy?

3. ¿Qué deseas decirle a Jesús después de este día?
   Querido Jesús,

4. ¿Qué te diría Jesús después de este día?
   Querido   ,

¿Qué significa ser un discípulo de Jesús?

MUCHACHO DISPARATADO

Mis amigos y yo estamos medio locos. Nos gusta divertirnos, así que siempre lo hacemos. La gente nos mira como si estuviéramos tocados. En realidad no nos importa lo que piensen de nosotros. Pero, desafortunadamente, hasta en la iglesia la mayoría de las personas se enojan con nosotros. El pastor de jóvenes siempre nos dice que debemos crecer, y nos pide que actuemos con mayor madurez. Que seamos un poco más serios. ¡Pero si yo hablo en serio! ... Hablo *en* serio cuando digo que no quiero ser serio. La mayoría de las personas son demasiado serias. Parecería que nunca se ríen.

Pero esta noche tocamos fondo. Después de la reunión de jóvenes, un grupo de chicos y algunos líderes hablaron con nosotros y nos dijeron que si no empezábamos a comportarnos, no podríamos participar más del grupo. No es que nosotros desbaratemos las reuniones... ¡les ponemos sabor! ¡No entiendo!

> ¿QUÉ SIGNIFICA SER UN DISCÍPULO DE JESÚS EN ESTA SITUACIÓN?

DÍA 26

Borracho
Mateo 11:19

Vino el Hijo del hombre, que come y bebe, y dicen: "Éste es un glotón y un borracho, amigo de recaudadores de impuestos y de pecadores." Pero la sabiduría queda demostrada por sus hechos.

Niños activos y normales
Mateo 19:13-15

Llevaron unos niños a Jesús para que les impusiera las manos y orara por ellos, pero los discípulos reprendían a quienes los llevaban. Jesús dijo: «Dejen que los niños vengan a mí, y no se lo impidan, porque el reino de los cielos es de quienes son como ellos». Después de poner las manos sobre ellos, se fue de allí.

Nuestro turno...

¿Qué hemos aprendido acerca de Jesús a través de estos dos incidentes?

PROPUESTA PARA LA VIDA REAL »

Sugerir a nuestra familia que juguemos juntos a algo (las escondidas puede ser un buen juego familiar).

BUENO, CUÉNTAME ¿CÓMO TE FUE HOY?

1. ¿Fuiste consciente de la presencia de Jesús en el día de hoy?
   Si fue así, ¿cuándo? Si no, ¿por qué no?

2. ¿Notaste algo diferente en ti hoy?

3. ¿Qué deseas decirle a Jesús después de este día?
   Querido Jesús,

4. ¿Qué te diría Jesús después de este día?
   Querido   ,

¿Qué significa ser un discípulo de Jesús?

MAL AÑO

❯❯

¡Qué año! Mi relación con Jesús ha sido un desastre, lo mismo que la vida en mi casa. Mis padres se pelean todo el tiempo. Mi hermano se fue de la casa para hacer una vida «punk», mi hermana tiene un problema atrás del otro, y yo simplemente trato de sobrevivir. Intento resistir, pero a veces me pregunto dónde estará Jesús. ¿Aparecerá justo cuando uno no está en ese lugar?

> ¿QUÉ SIGNIFICA SER UN DISCÍPULO DE JESÚS EN ESTA SITUACIÓN?

Mala tormenta
Marcos 4:35-41

Ese día al anochecer, les dijo a sus discípulos:
–Crucemos al otro lado.
Dejaron a la multitud y se fueron con él en la barca donde estaba. También lo acompañaban otras barcas. Se desató entonces una fuerte tormenta, y las olas azotaban la barca, tanto que ya comenzaba a inundarse. Jesús, mientras tanto, estaba en la popa, durmiendo sobre un cabezal, así que los discípulos lo despertaron.
–Maestro –gritaron–, ¿no te importa que nos ahoguemos?
Él se levantó, reprendió al viento y ordenó al mar:
–¡Silencio! ¡Cálmate! El viento se calmó y todo quedó completamente tranquilo.
–¿Por qué tienen tanto miedo? –dijo a sus discípulos–. ¿Todavía no tienen fe?
Ellos estaban espantados y se decían unos a otros:
–¿Quién es éste, que hasta el viento y el mar le obedecen?

Nuestro turno...

Alguien dijo que esperar no es «no hacer nada», sino «estar haciendo algo». ¿Se nos hace difícil esperar que Jesús aparezca?

DÍA 27

PROPUESTA PARA LA VIDA REAL »

Procuremos ver si podemos notar la presencia de Jesús hoy. Cuando termine el día, detengámonos a recordar cualquier momento en el que hayamos sido conscientes de la presencia de Jesús.

BUENO, CUÉNTAME ¿CÓMO TE FUE HOY?

1. ¿Fuiste consciente de la presencia de Jesús en el día de hoy?
   Si fue así, ¿cuándo? Si no, ¿por qué no?

2. ¿Notaste algo diferente en ti hoy?

3. ¿Qué deseas decirle a Jesús después de este día?
   Querido Jesús,

4. ¿Qué te diría Jesús después de este día?
   Querido   ,

¿Qué significa ser un discípulo de Jesús?

¿ESTÁ BIEN LLORAR?

Tengo 18 años y, con mis 109 kilos, soy el capitán de uno de los equipos que lideran el campeonato de fútbol americano del estado. Me apodan: «el animal». Vengo de una familia bastante dura. Mis padres fueron alcohólicos, y nuestro hogar era un infierno. Yo tomaba los fines de semana, y en la escuela apenas lograba aprobar cada año. Después un vecino arrastró a mi papá a algo que algunas personas llaman: Guardadores de Promesas. Ahí mi papá conoció a Jesús, regresó a casa sobrio, y nos llevó a mi mamá y a mí a la iglesia, donde nosotros también aceptamos a Jesús. ¡El cambio de nuestra vida fue del día a la noche! Nuestra familia ha sido un milagro desde entonces. No lo puedo creer. Mi mamá dejó de tomar. Yo dejé de tomar. Mis calificaciones mejoraron.

Pero lo raro de todo esto es que cada vez que pienso en mi familia comienzo a llorar. No es que llore desconsoladamente ni nada por el estilo; simplemente mis ojos se llenan de lágrimas. Por un lado eso me da un poco de vergüenza, pero por el otro, no tanta. Es decir, estoy agradecido. Yo sé que algunas personas piensan que no tiene mucha onda que un tipo como yo, «el animal», llore. Todos mis amigos de la iglesia me dicen que debo controlarme y dejar de llorar en cada reunión de jóvenes.

¿QUÉ SIGNIFICA SER UN DISCÍPULO DE JESÚS EN ESTA SITUACIÓN?

DÍA 28

¿Está bien desperdiciar perfume?
Lucas 7:36-50

Uno de los fariseos invitó a Jesús a comer, así que fue a la casa del fariseo y se sentó a la mesa. Ahora bien, vivía en aquel pueblo una mujer que tenía fama de pecadora. Cuando ella se enteró de que Jesús estaba comiendo en casa del fariseo, se presentó con un frasco de alabastro lleno de perfume. Llorando, se arrojó a los pies de Jesús, de manera que se los bañaba en lágrimas. Luego se los secó con los cabellos; también se los besaba y se los ungía con el perfume.

Al ver esto, el fariseo que lo había invitado dijo para sí: «Si este hombre fuera profeta, sabría quién es la que lo está tocando, y qué clase de mujer es: una pecadora».

Entonces Jesús le dijo a manera de respuesta:

—Simón, tengo algo que decirte.

—Dime, Maestro —respondió.

—Dos hombres le debían dinero a cierto prestamista. Uno le debía quinientas monedas de plata, y el otro cincuenta. Como no tenían con qué pagarle, les perdonó la deuda a los dos. Ahora bien, ¿cuál de los dos lo amará más?

—Supongo que aquel a quien más le perdonó —contestó Simón.

—Has juzgado bien —le dijo Jesús. Luego se volvió hacia la mujer y le dijo a Simón:

—¿Ves a esta mujer? Cuando entré en tu casa, no me diste agua para los pies, pero ella me ha bañado los pies en lágrimas y me los ha secado con sus cabellos. Tú no me besaste, pero ella, desde que entré, no ha dejado de besarme los pies. Tú no me ungiste la cabeza con aceite, pero ella me ungió los pies con perfume. Por esto te digo: si ella ha amado mucho, es que sus muchos pecados le han sido perdonados. Pero a quien poco se le perdona, poco ama. Entonces le dijo Jesús a ella:

—Tus pecados quedan perdonados. Los otros invitados comenzaron a decir entre sí: «¿Quién es éste, que hasta perdona pecados?»

—Tu fe te ha salvado —le dijo Jesús a la mujer—; vete en paz.

Nuestro turno...

¿Por qué la gratitud es tan difícil?

PROPUESTA PARA LA VIDA REAL »

Hagamos una lista de todas las cosas por las cuales sentimos agradecimiento en nuestra vida. Pasemos el día diciendo «Gracias Jesús» cada vez que pensemos en algo acerca de lo que estemos agradecidos.

BUENO, CUÉNTAME ¿CÓMO TE FUE HOY?

1. ¿Fuiste consciente de la presencia de Jesús en el día de hoy?
   Si fue así, ¿cuándo? Si no, ¿por qué no?

2. ¿Notaste algo diferente en ti hoy?

3. ¿Qué deseas decirle a Jesús después de este día?
   Querido Jesús,

4. ¿Qué te diría Jesús después de este día?
   Querido   ,

¿Qué significa ser un discípulo de Jesús?

¿CUÁNDO?

⋙

Mi papá tiene una enfermedad llamada Lou Gehrig. Debe ser la enfermedad más terrible que existe. Ver como mi papá se marchita y muere lentamente está destruyendo a toda nuestra familia. Yo sé que hay un Dios y sé que nos ama, pero ¿por qué permite enfermedades como esta? Yo intento entender. Procuro ser fuerte por mi papá y mi mamá, pero mi fe está comenzando a flaquear bajo la presión. ¿Cuándo se detendrá todo este dolor? ¿Cuándo acabará tanto sufrimiento? Mis amigos tratan de explicarme por qué existen la enfermedad y la muerte. Me muestran las Escrituras y oran por mí. Yo aprecio todo lo que hacen, pero me pregunto qué pasaría si Jesús se manifestara.

¿QUÉ SIGNIFICA SER UN DISCÍPULO DE JESÚS EN ESTA SITUACIÓN?

¡Apresúrate!
Apocalipsis 21:1-7

Después vi un cielo nuevo y una tierra nueva, porque el primer cielo y la primera tierra habían dejado de existir, lo mismo que el mar. Vi además la ciudad santa, la nueva Jerusalén, que bajaba del cielo, procedente de Dios, preparada como una novia hermosamente vestida para su prometido. Oí una potente voz que provenía del trono y decía: «¡Aquí, entre los seres humanos, está la morada de Dios! Él acampará en medio de ellos, y ellos serán su pueblo; Dios mismo estará con ellos y será su Dios. Él les enjugará toda lágrima de los ojos. Ya no habrá muerte, ni llanto, ni lamento ni dolor, porque las primeras cosas han dejado de existir».

El que estaba sentado en el trono dijo: «¡Yo hago nuevas todas las cosas!» Y añadió: «Escribe, porque estas palabras son verdaderas y dignas de confianza».

También me dijo: «Ya todo está hecho. Yo soy el Alfa y la Omega, el Principio y el Fin. Al que tenga sed le daré a beber gratuitamente de la fuente del agua de la vida. El que salga vencedor heredará todo esto, y yo seré su Dios y él será mi hijo».

Nuestro turno...
Los cristianos creemos que un día no habrá más dolor y sufrimiento, pero ¿qué sucede en él mientras tanto? ¿Se manifiesta Jesús en nuestro dolor y sufrimiento?

DÍA 29

PROPUESTA PARA LA VIDA REAL »
Demos una respuesta rápida a la pregunta: «¿Por qué permite Dios el sufrimiento?»

BUENO, CUÉNTAME ¿CÓMO TE FUE HOY?

1. ¿Fuiste consciente de la presencia de Jesús en el día de hoy?
   Si fue así, ¿cuándo? Si no, ¿por qué no?

2. ¿Notaste algo diferente en ti hoy?

3. ¿Qué deseas decirle a Jesús después de este día?
   Querido Jesús,

4. ¿Qué te diría Jesús después de este día?
   Querido   ,

¿Qué significa ser un discípulo de Jesús?

LA VIDA ES DURA, PERO BUENA

☣

La vida cristiana es dura. Cada día se me presentan nuevas oportunidades de negar mi fe. El sobrevivir hoy requiere mucha fe. Las drogas, el alcohol y el sexo son fáciles de encontrar y demasiado sencillos de obtener. Es difícil concentrarse solo en Dios cuando a uno le da la impresión de que sus amigos llevan una mejor vida que la de uno. Trato de convencer a mis amigos de que la vida no es lo que aparenta ser, y que algún día se arrepentirán de las decisiones que están tomando ahora. Pero ellos se ríen. Realmente me siento solo en el mundo real. ¿Cómo sigo intentándolo?

¿QUÉ SIGNIFICA SER UN DISCÍPULO DE JESÚS EN ESTA SITUACIÓN?

Remar es difícil, pero vale la pena
Mateo 14:22-32

En seguida Jesús hizo que los discípulos subieran a la barca y se le adelantaran al otro lado mientras él despedía a la multitud. Después de despedir a la gente, subió a la montaña para orar a solas. Al anochecer, estaba allí él solo, y la barca ya estaba bastante lejos de la tierra, zarandeada por las olas, porque el viento le era contrario.

En la madrugada, Jesús se acercó a ellos caminando sobre el lago. Cuando los discípulos lo vieron caminando sobre el agua, quedaron aterrados.

—¡Es un fantasma! —gritaron de miedo.

Pero Jesús les dijo en seguida:

—¡Cálmense! Soy yo. No tengan miedo.

—Señor, si eres tú —respondió Pedro—, mándame que vaya a ti sobre el agua.

—Ven —dijo Jesús.

Pedro bajó de la barca y caminó sobre el agua en dirección a Jesús. Pero al sentir el viento fuerte, tuvo miedo y comenzó a hundirse. Entonces gritó:

—¡Señor, sálvame!

En seguida Jesús le tendió la mano y, sujetándolo, lo reprendió:

—¡Hombre de poca fe! ¿Por qué dudaste?

Cuando subieron a la barca, se calmó el viento.

Nuestro turno...

Querido Jesús, este es el último día de nuestra aventura de 30 días contigo. Leer sobre ti cada día nos ha acercado más. Siempre se nos ha dicho que debemos leer la Biblia, pero en estos últimos 29 días no sentimos que «debíamos hacerlo», sino que «queríamos hacerlo». Se ha transformado en un querer encontrarte. No teníamos idea de que fueras tan fascinante, emocionante y real. No sabíamos que una persona como cualquiera de nosotros pudiera sentirse tan cerca de ti. Gracias.

DÍA 30

PROPUESTA PARA LA VIDA REAL »

Escribámosle nuestro propio agradecimiento a Jesús por los 30 días que hemos pasado a su lado.

BUENO, CUÉNTAME ¿CÓMO TE FUE HOY?

1. ¿Fuiste consciente de la presencia de Jesús en el día de hoy?
   Si fue así, ¿cuándo? Si no, ¿por qué no?

2. ¿Notaste algo diferente en ti hoy?

3. ¿Qué deseas decirle a Jesús después de este día?
   Querido Jesús,

4. ¿Qué te diría Jesús después de este día?
   Querido   ,

A POSTERIOR
⌄

COMO FINAL DE NUESTRO PROYECTO DE DÍAS »

Escribámosle una carta a Jesús explicándole con detalles lo que ha sucedido con nosotros en los últimos 30 días. Esto es más que una carta de agradecimiento: se trata de una carta para un amigo, Jesús, en la que le contamos todo lo que sucedió en nuestra vida durante este último mes.

Querido Jesús,
Qué increíble mes ha sido...

Nos agradaría recibir noticias suyas.
Por favor, envíe sus comentarios sobre este libro
a la dirección que aparece a continuación.
Muchas gracias.

Editorial Vida
7500 NW 25 Street, Suite 239
Miami, Florida 33122

Vidapub.sales@zondervan.com
http://www.editorialvida.com